아이의
뇌를 알면
공부가 쉽다

아이의 뇌를 알면 공부가 쉽다

초판 1쇄 인쇄 2022년 12월 15일
초판 1쇄 발행 2022년 12월 30일

지은이 **장준환**

펴낸이 **우세웅**
책임편집 **김은지**
기획편집 **김휘연 정보경**
표지 디자인 **김세경**
본문 디자인 **이선영**

종이 **앤페이퍼**
인쇄 **(주)다온피앤피**

펴낸곳 **슬로디미디어그룹**
신고번호 **제25100-2017-000035호**
신고년월일 **2017년 6월 13일**
주소 **서울특별시 마포구 월드컵북로 400, 상암동 서울산업진흥원(문화콘텐츠센터)5층 22호**
전화 **02)493-7780** | 팩스 **0303)3442-7780**
전자우편 **wsw2525@gmail.com(원고투고 · 사업제휴)**
홈페이지 **slodymedia.modoo.at** | 블로그 **slodymedia.xyz**
페이스북 · 인스타그램 **slodymedia**

ISBN 979-11-6785-105-5 (03370)

아이의
뇌를 알면
공부가 쉽다

장준환 지음

SEOLREM
설렘

5분

아이의 공부 인생을 바꿀 수 있는 시간은 단 '5분'이면 충분하다. 이 책에서 제시하는 기적의 '5분 공부법'은 수백만 원짜리 고액과외나 몇 달씩 기다려야 하는 유명 학원의 강의보다도 효과적이고 월등한 방법이다.

'5분 공부법'은 자녀가 집에 돌아와 가장 먼저 하는 행동에 인생이 결정된다는 단순한 원리에 기인한다. 학교에서 돌아와 제일 먼저 TV를 보는 아이는 별다른 일이 없는 한 계속 TV만 보고, 컴퓨터 게임을 하는 아이는 계속 게임만 하고, 스마트폰을 만지작거리는 아이는 계속 스마트폰만 만지작거리며 허송세월한다. 왜냐하면 한 번 시작한 일을 중간에 그만두는 것을 싫어하는 것이 인간 행동의 특성이기 때문이다. 어른도 마찬가지다. 집에 오자마자 처음 5분간 하는 행동이 남은 시간을 지배한다. 인간의 의지는 생각보다 강하지 않으므로, 아이의 의지는 말할 것도 없다. 하지만 아무리 의지가 약한 아이라도 5분은 자기의 뜻대로 행동할 수 있다.

여러분의 자녀가 집에 오자마자 5분만 책을 읽는다면, 아이는 평생 책을 읽는 어른으로 성장할 것이다. 저학년일수록 효과는 배가 된다. 아이가 무슨 공부를 해야 할지 모른다면 숙제부터 시키면 된다. 휴일에도 5분 공부법을 시행해보자. 아침에 일어나자마자 딱 5분만 공부를 한다면 종일 공부를 할 수 있다.

《젊은 베르테르의 슬픔》이란 작품으로 잘 알려진 괴테는 "삶은 속도가 아니라 방향이다(Life is not speed but direction)"라는 말을 남겼다. 이에 비유해 나는 "공부는 속도가 아니라 방향이다(Study is not speed but direction)"라고 말하고 싶다. 일어나자마자 5분간 하는 공부는 하루의 방향을 결정하고, 그것이 모여 일 년의 성과가 만들어지고, 또 그것이 모여 인생이 만들어진다.

20년간 1,600명에 가까운 아이들을 가르쳤다.

생각보다 많은 아이를 가르친 건 아니라고 생각할 수 있겠다. 그러나 20년간 1,600명밖에 가르치지 못한 건 한 아이를 평균 2~3년간 가르쳤기 때문이다. 짧게는 1년, 길게는 7년간 가르친 아이도 있다. 또

첫째를 3년간 가르쳐 대학을 보내고, 둘째도 3년, 셋째는 4년을 가르쳐 삼남매를 총 10년이나 가르치기도 했다.

한 아이를 오래 가르친다는 건 내게 부담이자 행운이었다. 오래 가르치는 만큼 성적과 대입을 책임져야 한다는 게 부담이었고, 책임지기 위해서는 단 한순간도 매너리즘에 빠질 수 없어 성적 데이터를 수집하고, 교육학, 뇌 과학, 교육 신경학을 공부하고 교육 현장에 적용해볼 수 있는 건 행운이었다.

물론 교육학 이론은 너무나 추상적이었고, 뇌 과학 이론은 교육 현장에 적용했을 때 논문과 전혀 다른 결과가 나오기 일쑤였다. 그래도 어쩌겠는가. 그냥 연구하고 공부하고 가르칠 수밖에 없었다. 이렇게 공부에 대한 연구와 현장에서 지도한 결과, 가장 효과적이고 강력한 방법이 바로 '5분 공부법'이었다.

5분. 다시 한 번 말하지만, 아이의 운명을 바꿀 수 있는 시간은 단 '5분'이다. 아이가 학교에 다녀오자마자 5분간 책을 읽으면 공부를 잘할 것이고, 다녀오자마자 소파에 앉아서 스마트폰을 보거나, 방에 들어가 컴퓨터를 한다면 성과는 나오지 않는다.

'이렇게까지 열심히 공부했는데, 왜 성적이 그대로일까?'라는 생각이 든다면, 공부 방법이 잘못된 것이다. 이런 사람은 뇌 과학을 기초로 한, 공부하는 습관을 만드는 공부법만 익히면 최고의 효과를 볼 수 있다.

이 책은 5분 공부법을 포함하여 뇌 과학, 교육 신경학, 교육 심리학 이론들을 실제 교육 현장에 적용해 효과를 본 것 위주로 설명하였다. 여기서 소개하는 공부법 중에는 아주 쉬워서 바로 적용할 수 있는 것도 있다. 물론 한 가지 공부법만 적용해도 놀라운 성과를 볼 수도 있고, 여러 가지 공부법을 종합해야 빛을 보는 아이도 있다. 중요한 것은 읽고 공감에만 그치는 게 아니라 직접 실행해 보는 것이다.

공부법만 바꿔도 최상위권의 성적을 만든다. 이 책이 그 변화의 초석이 되기를 바란다.

글쓴이 장준환

• 차 례 •

PART 1 공부 컨설팅

PART 2 공부의 달인이 되는 공부법

PART 3 머리가 좋아지는 뇌 과학 공부법

PART 1

공부 컨설팅

영미 아빠는 몬스터 | 잠시도 가만히 있지 못하는 ADHD 상호 | 게임 중독 희성이 | 이유 없는 반항 동현이 | 공부만 시작하면 꾸물거리는 동규 | 멀티태스킹의 달인 경진이 | 칭찬에 춤추지 못하는 지연이 | 눈으로만 공부하는 민규 | 아! 옛날이여, 소연이

CHAPTER 01

영미 아빠는 몬스터

위대한 성취를 이룬 사람들은 '자기 자신을 통제한' 사람들이다.
이들은 결코 흥분하거나 자제력을 잃지 않으며, 늘 침착하게 평정심을 유지하고,
잘 참고 정중한 태도를 잃지 않는다.

부커 T.워싱턴(BOOKER T. WASHINGTON)

영미 스토리

"야, 네가 뭔데, 우리 애를 혼내! 어? 선생이면 다야?"

덩치 크고 우락부락한 남자가 초등학교 교무실에서 고래고래 소리를 질렀다. 선생님들이 모여들었고, 교감이 뛰어왔다. 소리 지르는 남자는 학부모인 것 같고, 눈물을 글썽이며 서 있는 사람은 40대 중후반의 여자 선생님이었다. 교감은 흥분한 학부모를 진정시키려 했다.

"영미 아버님, 일단 진정하시고, 앉아서 차근차근 말씀하시지요."

"당신이 교감이야? 선생들 교육을 어떻게 시킨 거야? 교감은 됐고, 교장 나오라고 해!"

"교장 선생님은 지금 출장 중이시라, 저한테 말씀하시면 됩니다. 일단 흥분을 가라앉히고, 자초지종을 말씀해 주십시오."

남자는 그제야 조금 흥분이 가라앉는지 영미의 담임을 손가락으로 가리키며 큰소리로 얘기하기 시작했다.

"저 선생이 우리 애만 괴롭히잖아. 별것도 아닌 일에 화내고. 어! 우리 애만 혼내는데 내가 참을 수가 있나? 어! 그래서 왔지, 내가."

영미 아빠는 말 중간중간에 '어' 소리를 반복하는 습관이 있었다. 그래서 자신보다 거의 10살이나 많은 교감에게도 반말을 하며 '어, 어' 거리고 있다.

영미의 담임은 왜 그랬을까? 영미는 학기 초부터 눈에 띌 수밖에 없는 학생이었다. 은근히 친구를 괴롭히고 못살게 굴었다. 선생님은 안 보는 것처럼 행동했지만 사실 교실의 돌아가는 사정을 훤히 파악하고 있었다. 영미는 짝의 연필을 허락도 받지 않고, "빌릴게"라고 딱 한마디하고 쓱 가져가 버리곤 했다. 그러고는 돌려주지 않았다. 허락도 받지 않고 연필을 가져간 것도 문제지만, 빌려준 아이가 다시 돌려달라고 하면 잃어버렸다고 해 버린다.

어느 날은 옆자리의 친구가 종이로 된 필통을 새로 가지고 왔다. 멀리 사는 이모에게 선물 받은 거라고 했다. 영미는 갑자기 그 필통을 낚아채더니 종이로 된 필통 뚜껑을 찢어 버렸다. 그래서 영미의 짝은 항상 괴롭다. 선생님은 이런 사정을 누구보다 잘 알기에 처음에는 타이르기도 하고, 말로 설득도 해봤지만 아무런 소용이 없었다.

또 영미가 다니는 초등학교에는 언덕이 있어서 하교할 때는 주의를 기울여야 했다. 그런데 영미가 언덕을 내려가는 친구를 밀어버린 일도 있었다. 아이는 크게 다쳤고, 선생님은 도저히 참을 수 없었다.

"넌 왜 친구의 물건을 함부로 만지는 거니? 물건을 빌릴 때는 꼭 친구의 허락을 받으라고 했잖아. 그리고 언덕에서 달리면 네가 다칠 수도 있고, 친구를 다치게 할 수 있으니 조심하라고 몇 번을 이야기했니?"

결국 혼이 난 영미는 동네에서 피트니스센터를 운영하는 아빠에게 이렇게 이야기했다.

“아빠! 우리 반 선생님은 날 싫어해! 맨날 나만 혼내. 친구한테 연필을 빌려도 혼내고, 오늘은 학교에서 뛰었다고 혼냈어.”

그러고는 울음을 터트렸다. 이 말을 듣자마자 영미의 아빠는 우람한 몸을 이끌고 학교로 달려와 야단법석을 떤 것이다. 그리고 이런 부모를 ‘몬스터 부모’라고 한다.

몬스터 부모는 언제 나타났나?

‘몬스터 부모’라는 말을 처음 사용한 곳은 일본이지만, 처음 나타난 곳은 미국이다. 몬스터 부모는 학교나 교사에게 자신의 아이만을 위해서 무리한 요구를 하는 부모를 이르는 말이다.

1970~80년대 미국의 학교는 정말 전쟁터 같았다. 당시 선생님들은 언제 어디서 몬스터 부모와 학생이 나타날지 몰라 목숨을 걸고 학교에 출근해야만 했다. 지금도 미국에서 학생이 총을 가져와 선생님과 친구들을 살해했다는 뉴스를 심심치 않게 접할 수 있지만, 그때는 지금보다 훨씬 상황이 심각했다. 학부모가 수업 중이던 선생님의 멱살을 잡고 폭행하는가 하면 흉기로 위해를 가하기도 했다. 학생들끼리의 집단 폭력도 수시로 일어나 경찰이 출동하는 건 뉴스거리도 되지 않던 시절이었다. 그렇게 미국에서 시작된 몬스터 부모와 몬스터 학생은 일본을 거쳐, 우리나라에까지 상륙하게 되었다.

뇌 과학으로 몬스터 분석하기

뇌 과학적으로 보면 이성을 담당하는 '전두엽'은 기수이고, 감정과 기억을 담당하는 '변연계'는 코끼리이다. 그리고 기수가 코끼리를 조종하기 위해서는 고삐가 있어야 하는데, 이 고삐가 바로 '안와전두엽(orbitfrontal cortex)'이다. 'orbit'는 눈구멍을 뜻하는 라틴어다.

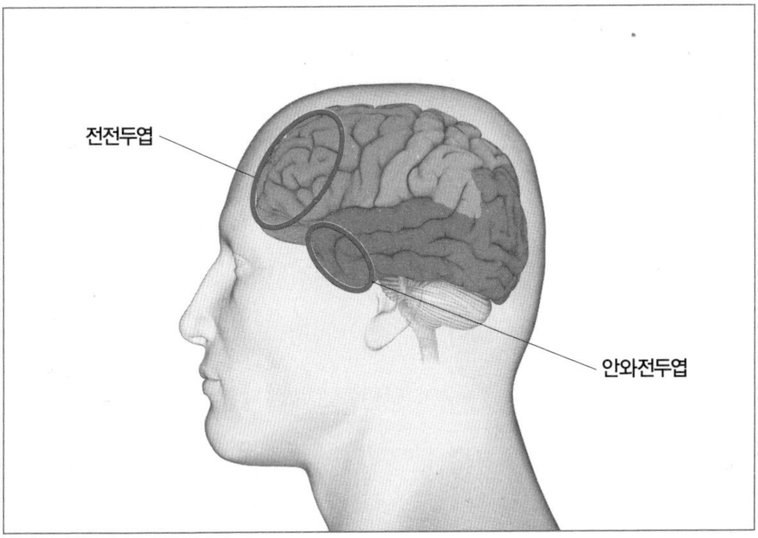

'안와전두엽'은 그림과 같이 이마 안쪽에 자리를 잡은 전두엽 중에서도 안구를 싸고 있는 '안와' 바로 위에 있는 부위이다. 안와전두엽이 손상된 사람은 사회적 규칙을 무시하고, 충동적이며, 다른 사람의 감정을 읽지 못해 타인의 고통을 공감하지 못하는 특성이 있다.

심할 때는 반사회적 행동도 저지른다.

영미와 영미 아빠는 고삐, 즉 안와전두엽이 발달하지 않은 것으로 볼 수 있다. 작은 기수인 전두엽과 덩치 큰 코끼리인 변연계가 서로 의견이 맞지 않으면 어떻게 되는지 영미를 통해 살펴보자.

영미는 짝의 연필이 갖고 싶다. 하지만 엄마에게 말하면 안 사줄 게 뻔하다. "있는 연필이나 제대로 쓰지, 공부도 안 하면서 맨날 연필만 산다"라고 핀잔을 들을 게 뻔하다. 매달 받는 용돈을 모으자니 시간이 걸릴 것 같다. 그래서 일단 짝의 연필을 뺏기로 했다. 강제로 뺏으면 선생님께 이를 테니, 일단 빌린다고 말하고 안 주면 된다. 왠지 선생님이 날 보는 눈치가 예사롭지 않다. 뭔가 아는 눈치다. 그래도 상관없다. 오늘부터 새로운 짝이다.

새 짝이 예쁜 필통을 가지고 왔다. 멀리 사는 이모가 선물로 사준 거라고 했다. 너무 갖고 싶다. 하지만 지난번과 같은 방법으로 빼앗기에는 필통이 너무 크다. 짜증이 난다. 갖고 싶지만 가질 수가 없다. 안 되겠다. 내가 가질 수 없으면 찢어버리는 수밖에.

평소에 잘난척하는 아이가 앞에 가고 있다. 공부도 잘하고 선생님께 늘 칭찬받는 아이다. 성격도 좋아서 반의 아이가 다 좋아한다. 멀리 떨어져 앉아서 괴롭힐 수도 없다. 잘됐다. 내리막길에서 뛰어 내려가다가 실수로 부딪히는 척하며 밀어버려야겠다. 그러고는 정말로 밀어버렸다.

이런 영미의 행동을 앞에서 말한 코끼리와 기수로 비유해보자. 우리의 모든 코끼리는 이기적이다. 그래서 좋은 것을 보면 갖고 싶고, 자신보다 뛰어난 사람을 보면 질투가 난다. 그리고 영미의 고삐(안와전두엽)는 풀려 있기 때문에 기수(전두엽)는 이런 욕망을 억제하지 못한다.

코끼리를 복종시키기에 충분한 고삐를 가진 사람은 갖고 싶어도 참고, 질투가 나도 자제한다. 그러나 자제력은 '소모성 자원'이다. 그래서 자제력에만 의존하는 게 아니라, 코끼리를 설득해야 한다.

영미는 '용돈을 조금씩 모으면 일주일 안에 사고 싶은 연필을 살 수 있어. 한 달 정도 용돈을 모으고, 착한 일을 하면 어쩌면 옆의 친구 것보다 더 예쁜 필통을 살 수도 있어. 선생님께 항상 칭찬받는 저 친구처럼 나도 열심히 공부하고 친구를 도우면 선생님께 칭찬받을 거야'라고 코끼리를 설득해야 한다. 물론 코끼리를 설득하기 위해서는 강한 안와전두엽이라는 고삐를 가지고 있어야 한다. 고삐가 풀리면 코끼리는 기수의 말을 전혀 듣지 않기 때문이다.

안와전두엽이 발달하지 못한 사람들의 행동을 한마디로 요약하면 '소탐대실'이다. 눈앞의 작은 것을 탐내다가 큰 것을 잃어버리는 것이 이런 사람들의 특징이다.

안와전두엽은 '감정 통제의 고삐'

안와전두엽의 기능을 한마디로 말하자면 '감정의 통제'이다. 갖고 싶은 것을 마음대로 가져가고, 미운 아이를 확 밀치지 못하게 하는 감정 통제의 고삐인 것이다. 하지만 이렇게 중요한 감정의 고삐를 놓쳐 버린 아이들은 자기보다 약한 아이들을 괴롭히고, 자기보다 강한 아이들에게 우연한 복수를 꿈꾼다. 모두 안와전두엽이 미숙해서 생기는 현상이다.

영미의 아빠도 안와전두엽이 미숙하기는 마찬가지다. 영미의 평소 행실로 보아 거짓말일 가능성이 높은 걸 알면서도, 영미의 이야기를 듣자마자 학교로 달려가 소리를 질렀다. 선생님이 어찌할 줄 몰라 당황하는 모습을 보고는 더 힘을 얻었다. 안와전두엽이 미숙한 사람의 특징은 자신보다 약하다고 생각되면 더 강하게 행동한다. 그래서 선생님을 보고는 점점 큰소리를 냈고, 교감이 오는 걸 보고 서서히 목소리를 줄인 것이다.

안와전두엽이 미숙한 사람은 주변에서 흔히 볼 수 있다. 걷다가 실수로 살짝 부딪쳤는데 미안하단 말 대신에, "눈 똑바로 뜨고 다녀"라고 말하는 사람, 아르바이트생의 사소한 실수에 고래고래 소리를 지르는 사람, 학교에서 선생님에게 고함치며 폭력을 행사하는 부모, 공공장소에서 아이를 제지하지 않는 부모, 직원들에게 차마 입에 담지 못할 욕을 하는 사장, 고속도로에서 난폭 운전을 하는 사람들이 바로 안와전두엽이 미숙한 사람이다. 요즘 사회적으로 이슈화된 '갑질'도 바로 안와전두엽의 미숙에서 오는 하나의 증상이다.

안와전두엽의 발달 시기

감정과 기억의 중추인 변연계는 엄마의 복중에서부터 발달하여 생후 3년 정도가 되면 거의 완성된다. 즉, 감정이 풍부하고, 정서적으로 안정된 자녀로 키우고 싶다면 만 3세까지 사랑을 아낌없이 주어야 한다. 반대로 만 3세까지 부모로부터 제대로 된 사랑을 받지 못한 아이는 이후 아무리 좋은 환경에서 자란다고 해도 정서적 결핍을 메울 수가 없다. 그래서 많은 교육학자가 아이 교육은 3세에 완성된다고 한다.

감정과 기억의 중추인 변연계와 전두엽을 연결하고 있는 유일한 끈이 바로 안와전두엽이다. 변연계에서 생기는 모든 감정과 기억은 안와전두엽을 통해서만 전두엽으로 전달되므로, 안와전두엽이 잘 발달한 아이는 '만족 지연 능력' 또한 높을 수밖에 없다.

안와전두엽은 태아기인 9개월에서 생후 24개월까지 발달한다. 다시 말해, 임신 초기부터 만 2세까지가 안와전두엽이 발달하는 결정적 시기이다. 안타깝게도 이 시기가 지나면 안와전두엽은 더 발달하지 않는다.

안와전두엽과 만족 지연 능력

어린이집의 아이들이 방안 가득히 있는 장난감을 가지고 놀고 있

다. 그리고 스탠퍼드 대학교 심리학 교수 월터 미셸(Walter Mischel)은 아이들이 노는 모습을 자세히 관찰했다. 이때 아이들은 자신이 월터 미셸 교수와 그의 연구팀에 의해서 관찰되고 있다는 사실을 전혀 몰랐다. 몇몇의 연구원이 아이들을 불러 모았다. "마시멜로 좋아하니?" 하고 물으니, 아이들이 "네!" 하고 힘차게 소리친다. 다시 말하지만, 방 안에는 아이들이 좋아하는 마시멜로와 장난감으로 가득하며, 언제든 가지고 싶은 게 있으면 벨을 울리고 선생님께 말만 하면 가질 수 있다. 그리고 실험에 들어갔다.

접시에 마시멜로 한 개를 얹어두고 선생님은 이렇게 말하고 밖으로 나갔다.

"만약 네가 선생님이 다시 돌아올 때까지(15분) 마시멜로를 먹지 않고 기다린다면 마시멜로를 하나 더 줄 거야. 하지만 지금 당장 먹고 싶으면 벨을 울리고 앞에 있는 마시멜로를 먹으면 돼."

여러분은 '그것 참는 게 뭐가 어렵다고?'라고 생각할 수 있다. 하지만 4~5세 아이들에게 마시멜로는 참기 힘든 유혹이다. 몇몇 아이는 선생님이 나가자마자 바로 먹어버렸다. 하지만 어떤 아이는 마시멜로를 하나 더 먹기 위해 작고 귀여운 손으로 눈을 가리기도 하고, 혼잣말을 하거나, 노래를 부르는 등 딴청을 피우며 선생님이 오기를 기다렸다. 이것이 1960년에 행해진 그 유명한 '마시멜로 실험'이다.

그리고 14년 뒤 마시멜로 실험에 참여한 아이들을 평가했는데, 오랫동안 기다린 아이일수록 집중력이 뛰어나고, 계획을 세워서 행동했으며, 스트레스를 견디는 힘이 강하고, 좌절을 쉽게 극복했다는 것을 알게 되었다. 15분간 마시멜로를 먹지 않은 아이들이, 바로 먹은 아이들보다 SAT(Scholastic Aptitude Test, 미국 수학능력시험) 점수 또한 평균 210점(1600점 만점 기준) 높게 나왔다. 반대로 마시멜로를 곧바로 먹어버린 아이들은 학교에 다니면서도 잦은 싸움에 말려들었고, 충동적으로 행동해 많은 문제를 일으켰다. 어른이 되어서도 마찬가지였다.

안와전두엽의 대표 기능이 만족 지연 능력과 같은 자기 조절 능력이다. 요약하면 안와전두엽이 발달한 아이들이 공부도 잘하고 삶을 계획적으로, 성실히 살 수 있다.

안와전두엽이 미성숙한 이유

안와전두엽이 발달하지 못하는 이유는 크게 두 가지이다. 바로 '과잉보호'와 '방임 학대'이다.

과잉보호는 우리나라에서 많이 발생하는 안와전두엽 미숙의 원인이다. 아이는 생후 12개월까지는 조건 없는 사랑과 보살핌을 받아야 한다. 이 시기에 부모의 무조건적인 사랑이 공감 능력에 영향을 주고 심리적 안정을 형성하게 된다. 그리고 첫돌이 지나면 아주 조금씩 가정교육을 해야 한다. 일명 '안 돼' 교육이다. 가정교육이라고 해서 엄격한 가정교육을 말하는 게 아니라, "우리 아기 정말 착해, 엄마 말도 잘 듣고, 잘했어. 그래 그렇게 해. 사랑해"와 같은 긍정적인 칭찬과 애정 표현은 허용하나 위험한 행동이나 잘못된 행동에는 "안 돼, 그만. 울어도 소용없어"와 같은 행동을 제한하는 말을 하는 것이다.

아이는 어떤 행동을 해도 다 받아주는 엄마가 갑자기 '안 돼'라고 하면 놀랄 수 있지만, 곧 나를 사랑하는 엄마가 이렇게까지 반대하는 데는 이유가 있다고 생각해 엄마를 신뢰한다. '안 돼' 교육을 제대로 받지 않은 아이는 인생에서 딱 한 번뿐인 안와전두엽의 발달 시기를 놓쳐버리게 된다.

일부 고학력 부모 중에는 돌도 채 되지 않은 아이를 '차분하게' 말로 타이른다. 예를 들어, 젓가락을 돌아가는 선풍기 날개에 넣고 있는데, 왜 젓가락을 선풍기에 넣으면 안 되는지를 5분 동안 설명하는 것이다. 말을 알아듣지 못하는 아이에게 5분은 엄청나게 긴 시간이고, 왜 엄마가 자신을 앉혀놓고 이토록 길게 말하는지 알 수 없다. 결국 위험한 행동을 반복할 수밖에 없다. 위험한 행동을 할 때는 '안 돼'라고 강하고 단호하게 말해야 한다.

방임 학대형 부모는 미국에서 주로 볼 수 있는데 과잉보호형과는 비교할 수 없을 만큼 위험하고, 아이의 인생에 악영향을 준다. 20세기 중·후반 미국은 개인주의와 자유분방한 사회적 분위기가 전역을 휩쓸었다. 그리고 수많은 SES(Socioeconomic Status, 사회경제적 지위)의 하위에 해당하는 사람의 가정이 붕괴하고, 아이들이 방치되어 사회적 문제를 낳았다. 조건 없는 사랑을 받아야 할 12개월도 안 된 아이들이 어리고 미숙한 부모들에 의해서 버려지거나, 방치된 것이다. 이런 부모 아래서 자란 아이들은 점점 더 공격적이고 난폭해졌다. 그리고 그 아이들이 1970~80년대에 학교에 진학하면서 몬스터 부모, 몬스터 학생이 탄생한 것이다.

우리나라도 미국을 무조건 동경하던 시절이 있었다. 당시 일부 부모는 미국의 방임 학대에서 나오는 교육의 자유주의를 받아들여, 아이에게 '안 돼' 한 번 안 하고 키우는 것을 자랑했다. SES 하위 30%의 방임 학대형 교육법을 받아들인 것이다. 맞벌이가 아님에도 불구하고 일찍부터 아이를 어린이집에 맡기기도 하며, 분리 수면을 한다며 아이 방을 부부 침실에서 떨어진 곳에 만들어 무전기를 설치하기도 했다. 기저귀를 잘 갈아주지도 않고, 자주 안아주면 손이 탄다며 안아주지도 않았다. 그렇게 방치된 아이는 아무리 울어도 오지 않고, 관심 가져주는 사람이 없다는 것을 본능적으로 깨닫고 마음의 문을 닫고 말았다.

V형 부모, Y형 부모, A형 부모

가장 바람직하게 자녀를 교육하는 부모 유형은 V형 부모이다. V형 부모는 6~7세까지는 따뜻하면서 엄격하게 키우고, 학교에 입학하는 8세부터는 공부하는 습관을 심어주며, 사춘기의 자녀에게는 관심과 격려로 방향을 제시한다. 그리고 고등학교를 졸업한 후에는 조언자로만 남는다. 이렇게 알파벳 V자처럼 간섭을 서서히 줄여나가는 부모를 V형 부모라고 한다. 이들은 자녀의 안와전두엽을 강하고 통제력 있게 키운다.

Y형 부모는 알파벳 Y자처럼 어느 한순간 자녀에 대한 관심을 접는다. "내가 바라는 건 너의 행복이야"라며 자유를 가장해 방임한다.

이 중에 최악은 A형 부모이다. 자녀가 가장 사랑이 필요한 시기에는 방임했다가 어느 순간부터 간섭하기 시작해 점점 더 수위를 높이는 부모이다.

Y형과 A형 부모는 몬스터 아이를 만들고, 그 아이가 크면 다시 몬스터 부모가 된다.

몬스터 부모 대처법

영미 아빠는 내가 근무하는 학원에도 찾아온 적이 있다. 영미가 학원에서도 말썽을 부려서 휴원 조치를 했을 때였는데, 이에 불만을 품고 찾아와 행패를 부렸다.

"선생하고는 할 말이 없으니까 원장 나오라고 해! 어!"

그래서 내가 들어가 설명했다.

"학원 규정에 위반되는 행위를 해 부득이하게 휴원 조치했습니다."

영미 아빠는 교육청에 고발하겠다는 협박과 함께 내게 삿대질했다. 휴원 조치 이유에 대해 설명했으나 "그건 됐고"란 말만 반복했다. 그건 됐다란 말만 백 번은 들은 것 같았다.

"지금부터 아버님이 말씀하시는 내용을 녹음하겠습니다. 교육청에 고발하든 교육부 장관을 찾아가든 마음대로 하시고, 소란을 피워 업무를 방해하고 선생님께 욕설한 부분에 대해서 반드시 법적 조치하겠습니다."

이렇게 말하고 휴대전화를 꺼내 녹음을 시작했다. 영미 아빠는 뭔가를 생각하는 것 같더니 씩씩거리며 돌아갔다. 선생님들은 화가 나서 얼굴이 상기된 채 서 있었고, 아이들까지 나와서 이 난리를 구경했다. 십수 년간 많은 부모를 만나고, 아이를 가르쳤지만 말로만 듣던 몬스터 부모는 그때가 처음이었다.

몬스터 학생과 부모는 안와전두엽의 미숙함이 원인이기 때문에, 선생님의 힘으로만은 감당할 수가 없다. 몬스터 학생이 반에 있으면 담임은 제발 일 년이 빨리 지나길 바라는 마음으로 학교에 출근하는 것이 현실이며, 반 아이들 또한 피해를 입고 상처받는다. 때로는 피해 학생이 전학을 가거나 아예 학교를 떠날 때도 있다.

안와전두엽은 만 3세에 완성되며, 이를 바탕으로 만 6세에는 자기 조절 능력까지 완성된다. 초등 고학년 아이에게 몬스터 성향이 보인다면 사실 늦었다고 볼 수 있다. 억누를 수는 있지만 바꾸기는 힘들다. 변화를 꾀한다면 여기서부터는 의료계와 공권력의 영역이지 학교와 교사의 영역은 아니다. 선생님은 학생을 가르치는 일에만 집중할 수 있게 해주어야 한다. 우리도 미국처럼 의사와 경찰의 도움을 받아, 몬스터 부모와 몬스터 학생에게 강력하게 대처하는 것이 바람직하다.

자식의 응석을 받는 자는 상처를 싸매고 자식이 큰소리로 울 때마다 가슴앓이 하리라. 길들이지 않은 말은 거칠어지고, 제멋대로 하게 버려둔 자식은 고집쟁이가 된다. 자식의 응석을 받아 주기만 하면 그가 너를 섬뜩하게 하고, 그와 놀아 주기만 하면 그가 너를 슬프게 하리라. 그와 함께 웃지 마라. 그렇게 하면 함께 고통을 당하고 말년에 이를 갈게 되리라. 그가 젊을 때 권한을 주지 말고 그의 잘못을 모른 체하지 마라. 젊을 때 그가 고개 숙이게 하고 어릴 때 그의 옆구리를 때려라. 그러지 않으면 그가 고집불통이 되어 네게 순종하지 않고 너는 그로 말미암아 마음의 고통을 받으리라. 네 자식을 올바로 교육하고 그에게 공을 들여 그의 수치스러운 행동 때문에 다치는 일이 없게 하여라.

_ 구약성경 집회서 30장 7-13절

CHAPTER 02

잠시도 가만히 있지 못하는 ADHD 상호

> 나는 내 실수를 찾으려 할 때를 제외하고는 절대로 뒤돌아보지 않는다. 당신이 자랑스럽게 여기는 것들을 되돌아볼 때, 나는 그 행위에서 오로지 위험만을 볼 뿐이다.
>
> 엘리자베스 노엘레-노이만(Elisabeth Noelle-Neumann)

상호 스토리

상호의 부모는 전문직 맞벌이 부부다. 상호는 어릴 때부터 밖에서 노는 것을 좋아했는데, 해가 질 때까지 돌아오지 않아 온 가족이 찾아 나서는 날이 많았다. 상호의 부모는 이런 상호를 그저 장난꾸러기라고만 생각했다.

그런데 상호가 초등학교에 입학하면서 심상치 않은 문제가 불거지기 시작했다. 수업 시간에 갑자기 벌떡 일어나 돌아다니기도 했고,

짝에게 장난을 쳐 선생님께 불려 나가기 일쑤였다. 불려 나갈 때도 꼭 춤을 추며 나갔다. 아이들은 웃으며 난리가 났고, 선생님도 어이가 없어 웃고 말았다. 점심시간에도 차례를 지키지 않았다. 물론 그때까지만 해도 상호는 산만하기는 해도 재미있는 아이라고 여겨졌다.

초등학교 2학년이 된 상호는 엄마에게 자주 혼이 났다. 학교에서 책을 잃어버린 것이다.

"넌 도대체 몇 번째 같은 책을 사는 거니? 전에 산 문제집은 어디에 있는데?"

"학교에 두고 온 것 같은데, 없어졌어요. 분명히 책상 서랍에 둔 것 같은데. 히히."

상호는 책뿐만 아니라, 휴대전화, 심지어는 가방까지 잃어버리고 다닌다. 또한 잠시도 가만히 있지 못하고 다리를 떤다. 다리를 못 떨게 하면 손발이라도 꼼지락거린다. 수업 시간에는 선생님의 설명이 다 끝나지도 않았는데 중간에 말을 자르고 제멋대로 추측해서 답하기 일쑤다. 선생님뿐만 아니라, 부모와 친구의 말도 경청하지 않고 중간에 말을 자르며 멋대로 대답한다. 하지만 선생님은 상호가 악의가 있어 그런 행동을 하는 게 아니라는 걸 너무나 잘 알고 있기에 이런 일이 있어도 그냥 넘어가고는 했다.

초등학교 3학년, 연필꽂이를 만들 때였다. 모두 만들기에 집중하고 있는데, 상호만은 시종일관 딴짓이다. 친구를 툭툭 치기도 하고, 목공풀을 친구의 의자에 바르기도 한다. 친구들은 나름 다양한 재료를 준비해 멋진 작품을 만들고 있는데, 상호만 기본 준비물로 장난만 친다. 연필꽂이의 틀을 잡는 종이상자는 구겨지고, 뚜껑을 잃은 목공풀은 바닥으로 줄줄 새고, 연필꽂이에 붙일 아이스크림 막대는 다 부러져 버렸다.

담임선생님에게 자초지종을 들은 엄마가 걱정하자 상호의 아빠는 이렇게 말했다.

"상호가 앞으로 에디슨이 될 모양이야. 보통 창의성이 있는 애들이 저런 행동을 많이 하거든. 상호가 게임이나 블록을 할 때는 집중하잖아. 누가 불러도 모를 집중력을 가지고 있어. 분명히 영재야!"

초등학교 5학년이 된 상호는 또 선생님에게 혼나고 있다. 상호가 교실에서 뛰어다니다 친구를 밀쳐서 심하게 다친 것이다.

"교실에서 뛰지 말라고 도대체 몇 번이나 말했니? 교실에서 뛰어다니거나 책상 위에 올라가면 너도 위험하지만 다른 친구들도 다칠 수 있다고 수도 없이 얘기했는데. 넌 내 말을 귓등으로도 듣지 않는구나."

화를 억누르는 선생님의 감정을 다른 아이들도 느낄 수 있었다. 이런 일이 매일 있다 보니 선생님에게도 미움을 받고, 친구들에게도 놀림을 당한다. 그래서 상호는 우울하다.

상호의 행동 분석

상호의 행동은 ADHD(Attention Deficit Hyperactivity Disorder)의 전형적인 증상이다. 이 증상의 정확한 명칭은 '주의력결핍 과잉행동장애'로, 사실 초등학교 연령대 아이들 5~7% 정도가 앓고 있는 흔한 증상이다. ADHD 증상이 있는 아이들은 한 곳에 집중하지 못하고 주의가 산만해서 수업 시간에 벌떡 일어나기도 하고, 이유 없이 친구를 괴롭히기도 한다. 다행히 중학교에 들어갈 때가 되면 ADHD 증상의 60% 정도가 감소한다. 그러나 15~20%의 아이들은 성인이 되고 난 후에도 증상이 평생 지속한다.

ADHD를 제때 치료받지 못한 아이들은 고학년이 될수록 학업 성적이 떨어지고, 어른들의 잦은 지적과 또래 친구들의 따돌림으로 우울증, 반항 장애와 같은 정신 병리나 행동장애를 겪을 수 있고, 비행청소년이 될 우려도 높다. 실제 ADHD 증상이 있는 비행청소년의 비율이 정상 아동보다 3배 이상 높은 것으로 알려져 있다.

뇌 과학으로 본 ADHD

사람은 원래가 충동적이고 산만하다. 그 충동적이고 산만한 욕구를 눌러주는 곳이 바로 뇌의 앞부분 전두엽이다. 미국 국립정신건강연구소(NIMH) 연구팀은 5~8세 남녀 어린이 300명을 대상으로 MRI를 이용해 뇌를 측정했고, 그 결과 ADHD 아동은 정상 아동에 비해 뇌의 크기가 평균 3~4% 작을뿐 아니라 전두엽, 대뇌기저핵, 소뇌 등도 작았다고 한다.

미국 국립정신건강연구소의 필립 쇼(P. Shaw) 박사는 'ADHD 아동은 기억력과 사고력을 관장하는 전두엽이 정상적인 아이보다 3년 정도 늦게 발달한다'라고 밝혔다. 게다가 ADHD 아동은 정상의 아이에 비해 전두엽의 두께가 얇고, 뇌가 두꺼워지는 속도도 3년 정도 늦는 것에 반해 운동에 관여하는 뇌는 오히려 보통 아이보다 더 빠르게 발달하기 때문에 산만하고 안절부절못하는 것이라고 설명했다.

ADHD를 앞서 말한 코끼리 트래킹에 비유하자면, 코끼리를 조종하는 기수(전두엽)가 남들보다 조금 더 큰 코끼리(변연계)를 몰고 정해진 길을 가야 하는데, 코끼리가 별로 중요치 않은 자극이나 충동에 반응해 엉뚱한 길로 가려한다. 기수는 고삐를 힘껏 잡아당기며 조종해 보지만, 코끼리의 충동성이 너무 강해 기수가 끌려가는 것으로 비유하면 되겠다.

전두엽은 학습이나 전략과 계획 수립, 추상적인 사고와 융통성,

주의 집중력, 판단력과 같은 고차원적 기능을 담당하는 영역이다. 한마디로 전두엽은 뇌의 총사령관이다. 그런데 욕구를 억제하고 이성적 판단을 내리는 전두엽은 다른 뇌의 부분과 달리 상대적으로 늦게 발달한다.

보통 만 1세 무렵이 되면 걸음마를 떼고, 자신의 의지대로 움직이기 시작하며, 만 2~3세부터는 감정 표현과 언어 능력이 놀랄 만큼 향상된다. 그러나 전두엽은 아주 조금씩 천천히 발달하며, 이 전두엽이 선천적으로 작은 경우도 있고, 크기는 정상이지만 제대로 작동하지 않은 경우도 있다.

그래서 ADHD는 선천적인 경우와 후천적인 경우로 나눌 수 있다. 코끼리 트래킹에 비유하자면 기수의 덩치가 너무 작아 거대한 코끼리를 제대로 조정할 수 없는 경우와 기수의 덩치는 정상인데 코끼리 조종이라는 자기 일에 신경을 쓰지 않고 딴짓을 하거나 졸고 있는 모습을 상상하면 된다.

ADHD 자가 진단

아래는 '부주의'에 관한 증상과 '과잉행동-자극'에 대한 증상이다. 이중 하나라도 해당하면 ADHD를 의심해볼 수 있다. 체크해보자.

다음 '부주의'에 관한 증상 중 6개 이상이 6개월간 지속된다.

- 세부적인 작업을 할 때 주의를 면밀히 기울이지 못하고, 실수가 잦다.
- 일이나 놀이에 지속적으로 주의를 기울이지 못한다.
- 타인의 말을 경청하지 않는다.
- 지시를 완수하지 못하고, 주어진 임무를 수행하지 못한다. (반항심이나 이해능력이 떨어져서가 아님)
- 과업과 활동을 체계화하지 못한다.
- 지속적인 정신적 노력을 요하는 작업을 싫어하고 저항한다.
- 작업에 필요한 물건을 자주 잃어버린다.
- 외부 자극에 의해 쉽게 산만해진다.
- 일상적인 활동을 쉽게 잊는다.

다음 '과잉행동-충동'에 관한 다음 증상 중 6개 이상이 6개월간 지속된다.

- 손발을 가만히 두지 못하고 꼼지락거린다.
- 착석이 요구되는 장소에서 이유 없이 자리를 이탈한다.
- 지나치게 뛰어다니거나, 높은 곳에 오른다.
- 정적인 여가 활동에 참여하지 못한다.
- 끊임없이 활동하거나 무언가에 쫓기는 것처럼 행동한다.
- 지나치게 수다스럽다.
- 질문이 끝나기 전에 성급하게 대답한다.

- 차례를 기다리지 못한다.
- 다른 사람의 활동을 방해하고 간섭한다.

출처/서울대학교병원 의학 정보

캘거리 대학교 슈뢰더(Schroeder) 교수가 밝힌 '여자아이의 ADHD 의심' 증상은 다음과 같다. 다음 중 5~6개 이상이 6개월간 지속한다면 전문가의 상담을 받아볼 필요가 있다.

- 인터넷 서핑, SNS를 하느라 밤늦게까지 숙제를 마치지 못한다.
- 책상에 앉아 있는 시간이 성적과 비례하지 않는다.
- 독해력이 약해 글을 읽고 문제를 유추하지 못한다.
- 사회적 단서를 읽지 못해 우정이 오래 가지 않고, 친구에게 무시당한다.
- 준비물이나 과제를 쉽게 잊으나, 인맥으로 빌려오는 재주는 발휘한다.
- 안경, 열쇠 등 휴대품을 자주 잃어버린다.
- 쉴 새 없이 말을 한다.
- 나서기를 좋아하고 친구를 잘 도우며, 모든 과제에 적극적이다.
- 쾌활한 아이지만, 중요한 결정을 해야 할 땐 우왕좌왕한다.
- 아이디어는 있으나, 시작은 늦고 결과는 흐지부지된다.
- 항상 지각을 하거나, 약속시간을 잊는다.
- 음악, 체육, 미술 등 너무 많은 과외 활동에 참여한다.
- 결과로부터 배우지 못하고 같은 실수를 반복한다.

• 감정 기복이 심하고 주변의 작은 충고를 심한 비난으로 받아들인다.

ADHD가 악화하는 요인

1) TV와 스마트폰

TV와 스마트폰은 ADHD의 주범이다. 미디어에 방치된 아이일수록 자폐증, ADHD의 발병률이 높다. 오감이 균형 있게 발달할 시기에 강렬한 시각 자극에 노출되면, 뇌의 감각 회로 발달에 지장을 초래하며, 결국 ADHD를 만든다.

2) 불면증

신경전달물질은 자는 동안 많이 생성된다. 당연히 잠이 부족하면 그만큼 신경전달물질을 만들 시간이 줄어들 수밖에 없다. ADHD 증상이 있는 아이들은 노르아드레날린과 도파민의 수치가 현저히 낮다.

3) 멀티태스킹

어떤 일을 처리할 때 동시에 여러 가지 일을 처리하는 것을 '멀티태스킹(multitasking)'이라고 한다. 멀티태스킹은 수많은 일을 동시에 처리하는 것처럼 보이지만 실제로 처리하는 일은 '0'에 가깝다. 한번에 여러 가지 일을 한다는 말은, 어떤 일도 제대로 하지 않는다는 것과 같다. 이러한 멀티태스킹은 한 가지 일에 집중할 수 없게 만들어

ADHD를 악화시킨다.

4) 게임 중독

게임 중독은 뇌의 전두엽 기능을 저하시켜 ADHD의 원인이 되고, 자신의 감정을 다스리지 못해 쉽게 공격성과 폭력성을 드러낸다. 게임을 매일 규칙적으로 하면 ADHD가 급격하게 악화한다.

ADHD 처방

ADHD 아이를 둔 부모는 자책하고 괴로워한다.

"내 양육방식에 문제가 있는 걸까?", "우리의 사랑과 보살핌이 부족해서 그런 걸까?" 고민한다. 그러나 많은 전문가는 ADHD의 원인이 생물학적인 것에 있다고 주장한다. ADHD는 심각한 정신 질환도 아니고 치명적 뇌의 결함도 아니다. 단지 뇌 속의 회로가 조금 다르고, 신경전달물질의 양이 다를 뿐이다.

아인슈타인(Einstein), 모차르트(Mozart), 피카소(Picasso), 레오나르도 다 빈치(Leonardo da Vinci), 조지 부시(George Bush)도 어린 시절에 ADHD의 증상이 있었다. 부모님과 선생님의 꾸준한 이해와 치료를 동반한다면 충분히 좋아질 수 있다.

패스트푸드를 끊어라

단국대학교병원 정신건강의학과 백청기, 김경민 교수팀은 6~12세 초등학생 1만 6천여 명을 분석한 결과 햄버거 등 패스트푸드를 일주일에 5~6회 먹는 아이들은 전혀 먹지 않는 아이들보다 ADHD 위험도가 1.57배 높다고 밝혔다.

네덜란드의 한 연구진은 ADHD 증상이 있는 4~8세 아이 100명을 두 그룹으로 나누어 한 그룹은 가공식품을 완전히 제외한 쌀, 고기, 채소, 과일, 물과 같은 음식을 5주간 먹게 하고, 한 그룹은 이러한 특별한 식단을 제공하지 않았다.

연구 결과 평소대로 식사를 한 아이들은 별다른 변화가 없는 반면, 가공식품을 철저히 배제한 식단으로 식사를 한 아이들 가운데 78%에게서 ADHD 증상이 줄었다.

또 다른 해외 연구에서는 청량음료를 하루에 4잔 이상 마시는 남자아이의 과잉행동과 행동장애 위험이, 주당 1~6잔 마시는 경우보다 각각 4.15배, 5.11배 더 높게 나왔다는 연구 결과가 있다.

아직 설탕과 가공식품에 들어있는 식품첨가물이나 보존제가 어린이의 행동에 좋지 않다는 확실한 근거는 없지만 여러 연구의 정황상 부정할 수 없다고 본다.

ADHD 홈케어 실천법

미국에서는 ADHD 아동을 위한 '홈케어 실천법'을 첫 글자를 따서 기억하기 쉽게 'ANT PIE'라고 한다.

- **Abstain: 자제하기**

정제식품, 가공식품, 튀김을 먹이지 않는다. 특히 감자튀김은 삼간다.

- **Nourish: 영양분 공급하기**

우유 단백질과 밀가루 단백질을 피하고 생선, 콩, 닭 가슴살과 같은 양질의 단백질을 섭취한다.

- **Toxin: 해독하기**

농약을 쓰지 않은 유기농 식품을 섭취하고, 글루타민, 시스테인과 같이 몸의 해독작용에 필요한 아미노산을 많이 보충한다.

- **Probiotics: 유산균 섭취**

유산균은 많은 이로움이 있으나, ADHD에도 도움이 된다.

- **Identify allergen: 알레르기 확인**

알레르기가 있다면 원인 물질을 찾아낸다.

- Eliminate foods: 알르레기 물질 제거

알레르기 원인 물질을 제거하고, 철저히 제한한다.

엄격한 운동을 배워라

ADHD는 전전두엽의 피질에 문제가 있어, 중요하지 않은 자극이나 운동 충동에 대한 관심을 억제하지 못하는 것이라 할 수 있다. 태권도나 합기도, 검도, 복싱과 같은 운동을 배워보자. 이러한 엄격한 운동은 과잉 생각과 행동을 억제하는 데 도움을 줄 수 있다. 매번 주의를 기울여 새로운 동작을 익혀야 하므로, 집중력에 도움이 된다.

영국 《인텔리전트 헬스》에서 2,500여 명의 아동을 상대로 운동 실험을 한 결과, 걸어서 학교에 가기와 같은 유산소 운동을 한 아이들의 80%가 마음이 차분해지고 수업에 더 집중할 수 있었고, ADHD 증상이 있는 아이들에게 특히 효과가 좋았다.

ADHD는 증상이 있는 아이는 물론 부모님, 선생님이 함께 노력해야 한다. ADHD 아이에게는 자신의 생활공간 정리하기, 계획표를 작성하고 실행하기, 친구의 말을 끝까지 경청하기와 같은 사회적 기술을 가르치고 연습시켜야 한다.

실제로 한 반에 ADHD 아동이 적게는 2~3명, 많게는 5~6명이 있는 경우도 있다. ADHD 아동이 많은 학급의 경우 선생님 한 사람의 노력으로 감당할 수 없다. 일선 교육 현장에 있는 선생님에게도 체계적 지원이 필요한 일이다. ADHD 아동의 부모는 ADHD 전문기관의 도움을 받아 자녀의 문제 행동에 어떻게 대처하는지, 집에서 어떻게 자녀의 행동을 개선하는지에 대해 구체적으로 배우는 것이 좋다. 가끔 ADHD인 아이가 말을 잘 듣지 않는다며 심한 체벌을 가하는 부모도 있는데 효과는 전혀 없고, 증상만 더 심해질 뿐이다.

ADHD로 병원에 가길 두려워 말자

ADHD는 방치해서는 안 된다. 학창 시절을 100m 달리기로 비유하자면 ADHD 아동은 100m 레일을 지그재그로 달리는 것과 같다. 앞만 보고 목표를 향해 전력 질주를 해도 힘든 마당에 좌우로 왔다 갔다 하면서 레일을 달린다고 생각해보라.

아이들을 가르치고, 교육심리 상담을 하다 보면 ADHD가 심한 경우 전문기관을 권하고 싶지만, 막상 부모에게 권유하기는 쉽지 않다.

다행히 상호의 엄마는 상호가 다니는 초등학교 선생님이라 설명하기가 쉬웠고, 상담을 홀가분하게 할 수 있었으나 그렇지 않은 경우가 대부분이다. 특히 병원에 가보라고 하면 '혹시 병원에 진료기록이 남아 나중에 아이에게 피해가 되지 않을까'하고 걱정을 하거나, 병원에서 처방받은 ADHD 약에 있을지 모를 부작용 때문에 망설이는 부모가 많다. 하지만 부작용은 그리 크지 않다. 혹시나 부작용이 나타나면 그때부터 먹지 않으면 된다. 그리고 병원 진료 기록은 5년만 보관되고 그 이후에는 삭제되므로 진료에 부담 갖지 않는 것이 좋다.

도리어 ADHD를 오래 방치하면 아이의 자존감이 낮아지고, 우울증으로 발전할 수도 있다. 게다가 부모 또한 아이에게 오랫동안 부정적인 말을 일삼아 가족 모두가 힘든 상황으로 치달을 수 있다.

CHAPTER 03

게임 중독 희성이

> 낙관주의자는 어떤 어려움 속에서도 기회를 보고,
> 비관주의자는 어떤 기회에서도 어려움을 본다.
>
> 윈스턴 처칠(Winston Churchill)

희성이 스토리

"칼, 칼, 칼! 휘둘러, 빨리! 쏴. 죽여. 수류탄 던져! 휴~ 죽였다."

귀에 익은 목소리가 피시방 한구석에서 들려왔다. 희성이 엄마는 학원 갈 시간에 피시방에 앉아 있는 희성이를 발견하고는 손목을 끌어당겼다. 그러자 희성이는 눈을 부릅뜨고 엄마에게 소리를 질렀다.

"아이, 씨×. 엄마 때문에 죽었잖아. 아~ ×× 짜증 나!"

너무 놀란 희성이 엄마는 잡고 있던 희성이의 손목을 놓고는 황급히 피시방을 나와 버렸다. 집에 돌아온 엄마는 떨리는 마음을 진정시키려 머그잔에 물을 따르고 소파에 앉았지만, 전혀 진정되지 않았다. 컵을 잡은 손이 심하게 떨리고 있었다. 난생처음 욕을 들었다. 그것도 세상에서 가장 사랑하는 자식한테 말이다.

도대체 어디서부터 잘못된 것일까? 기억을 더듬어 보았다.

희성이가 컴퓨터에 익숙해진 건 3~4세 무렵이었다. 희성이 부모는 대학교에서 교편을 잡고 있다. 그래서 집에 있을 땐 컴퓨터로 자료를 검색하고, 논문을 쓰는 경우가 많았다. 함께 놀 사람이 없어 심심한 희성이는 엄마와 아빠 옆에 앉아 자연스럽게 컴퓨터를 접했고, 컴퓨터 모니터에 호기심을 보이기 시작했다. 부모가 희성이에게 컴퓨터를 가르치지도 않았는데 마우스와 키보드를 자유자재로 사용하며, 자기가 보고 싶은 걸 찾아보고 웃었다. 조그마하고 귀여운 인간이 큰 컴퓨터 화면 앞에서 쪼그리고 앉아 화면에 집중하는 모습을 본 부모는 귀여워 어찌할 줄 몰랐다.

대학에서 중간고사나, 기말고사가 끝나면 학생들은 바로 방학이지만 교수는 그때부터 채점이라는 엄청난 작업이 기다리고 있다. 시험 답안지를 한 보따리 가져와 채점하고 있으면 희성이는 이때다 싶어 엄마에게 컴퓨터를 해도 되냐고 묻곤 했다. 엄마와 아빠가 바쁠 때 조르면 쉽게 들어준다는 걸 잘 알고 있기 때문이다. 그리고 평소 외할머니가 희성이를 돌보았는데, 웬만하면 희성이가 원하는 건 다 들어줬다. 희성이는 집에 부모가 없을 땐 마음 놓고 TV를 보고 컴퓨터를 했으며, 가끔은 아침식사 시간에도 TV를 보기도 했다.

"할머니 나 오늘 그냥 유치원 안 가면 안 돼? 응?"

심지어 외할머니께 애교를 부려 유치원에도 가지 않고 온종일 컴퓨터를 한 적도 있다.

희성이가 초등학교 2학년 때 게임광인 외삼촌이 한 달간 함께 지낸 적이 있다. 외삼촌이 게임을 하는 모습을 본 희성이는 새로운 세상을 맛보았다. 외삼촌은 게임에 관심 있어 하는 희성이에게 게임 하는 방법을 가르쳐 줬고, 희성이는 곧잘 따라 했다. 희성이의 인생에서 가장 행복한 한 달이었다.

외삼촌이 가고 난 뒤 드디어 희성이는 혼자서 게임을 시작했다. 밥 먹는 것을 잊기도 했고, 정 배가 고프면 컵라면을 먹고, 허리가 아프면 누워서 게임을 했다. 아빠가 있는 날에는 피시방으로 향했다. 마음 편히 피시방을 가기 위해 학원도 등록했다. 피시방에서 게임을 하는 친구들이 추천한 학원인데, 결석해도 절대 집에 전화하지 않고, 숙제도 없고, 집에서 전화가 와도 대충 핑계를 대주는 '천국 같은 학원'이라고 했다. 부모님에게는 정말 잘 가르치는 소문난 학원이라고 거짓

말을 하고 그 시간에 꾸준히 피시방을 간 것이다.

어느 날, 희성이 엄마는 길을 가다 우연히 희성이 친구 민수를 만났다. 반갑게 인사하는 민수를 보고, 희성이 엄마가 말을 걸었다.

"민수야, 너 정말 오랜만이다. 잘 지냈지? 지금 학원가니?"

"네, 영어 학원 끝나고 수학 학원에 가는 길이에요."

"그래, 우리 희성이는 자유학기제 끝나니 너무 아쉬워하던데, 넌 그렇지 않은 것 같네. 그런데 민수야, 너는 어느 수학 학원 다니니? 희성이랑 같은 학원이야?"

"아니요. 희성이 다니는 학원에는 노는 애들이 많아서 공부하려는 애들은 잘 안 가는 곳이에요."

"정말? 희성이 말로는 전교 1등도 그 학원 다닌다는데."

희성이 엄마는 깜짝 놀랐다. 민수에게 학원에 대해 더 묻고 싶었지만, 민수는 시간이 다 되었다며 떠났고, 결국 같은 아파트에 사는 친한 학부모에게 희성이의 학원에 대한 이야기와 자주 가는 피시방을 알아내어 찾으러 간 것이다.

희성이의 행동 분석

분당서울대병원 김상은 교수팀의 연구에 따르면 매일 2시간 30분

이상 인터넷 게임을 하는 사람은 마약 중 하나인 코카인에 중독된 사람과 유사한 뇌 신경학적 매커니즘을 갖고 있다고 한다. 게임 중독도 중독이다. 알코올, 담배, 마약이 몸에 해롭다는 걸 누구나 알고 있지만, 끊지 못하는 건 중독을 통해 커다란 쾌감을 얻기 때문이다. 중독은 잘 학습된 습관이므로, 게임을 끊는다는 건 쾌락을 포기한다는 것과 같은 의미이다.

한 번 시작하면 도저히 멈출 수 없는 게임의 세계, 왜일까?

그건 바로 '보상' 때문이다. 예를 들어, 공부해서 보상을 받는다고 생각해보자. 공부는 하루 이틀 앉아서 공부한다고 바로 보상이 주어지지 않는다. 적어도 몇 달은 공부를 해야 하며, 성적이 잘 나와야지만, 보상이 주어진다. 하지만 게임은 즉각적인 보상이 주어진다. 이 세상에 게임만큼 확실하고 빠른 보상을 주는 건 없다.

여기서 말하는 보상의 정체는 바로 '도파민(dopamine)'이다. 도파민은 행복을 느끼게 해주는 신경전달물질이다. 몸속에 도파민이 부족하면 어떤 일에도 의욕이 생기지 않고, 도파민이 과잉되면 환각을 보거나, 심하면 정신분열증을 일으킬 수 있다. 도파민 신경섬유는 뇌간에서 변연계로, 그리고 전두엽의 전두피질로 뻗어 있다. 술, 카페인, 담배, 섹스, 마약, 쇼핑, 게임 등 우리가 중독되기 쉬운 것들은 측좌핵의 도파민 수치를 높인다.

쉽게 비유해서 설명하자면 인간의 뇌에는 1층 '파충류의 뇌(식욕, 성욕)', 2층 '포유류의 뇌(기쁨, 슬픔, 분노)', 3층 '인간의 뇌(이성, 창의성)'로 구성되어 있는데, 도파민 신경섬유는 뇌의 전 층에 뻗어 있다. 보통 공부를 하거나 운동을 하면 도파민이 1~3층까지 고루 가는데, 게임을 하면 3층까지 올라가지 않고, 1~2층에까지만 전달되어 이성적 행동이 마비된다.

게임을 시작하면 처음 얼마간은 도파민 신경계가 자극을 받게 되고, 대뇌 변연계(2층 포유류의 뇌)와 전두엽 전두피질(3층 인간의 뇌)에 자극이 전해져 잠깐의 쾌감을 느낀다. 하지만 게임을 오래 하면 전반적인 뇌 기능 저하로 인해 도파민 분비가 제대로 되지 않는다.

알코올 중독도 아주 비슷하다. 술은 사실 활성 물질이 아니고 억제성 물질이다. 알코올은 신경전달물질을 억제해 도파민이 다른 뉴런(neuron)으로 가는 것을 막는다. 술을 마시면 뇌의 중심에서 가장 멀리 떨어져 있는 3층 인간의 뇌부터 마비가 온다. 그리고 3층이 마비된 상태에서 더 술을 마시면 2층, 1층 순서로 억제되고 마비된다. 그래서 술을 조금 마시면 이성적으로 판단하고 행동할 수 있지만, 어느 정도 마시면 인간이 동물처럼 되었다가, 더 마셔서 인사불성이 되면 파충류의 본능만 남게 되는 것이다.

거의 모든 중독이 비슷하다. 중독이란 어떻게 보면 뇌가 학습을 너무 잘한 상태라고도 말할 수 있다. 그래서 게임에 중독된 사람의 뇌 단층촬영 사진을 찍어보면 알코올 중독자의 사진과 매우 흡사하다.

어릴 때 시작할수록 게임 중독 가능성이 높다

최근 미국 소아학회에서는 만 6세 이전의 아이들에게 컴퓨터 사용 자제를 권고했다. 미국 '마이크로소프트' 창업자 빌 게이츠(Bill Gates)는 자신의 자녀에게 14세가 되기 전에는 스마트폰을 금지하겠다 밝혀 화제가 됐고, 그는 "내 아이에게 컴퓨터를 사주겠지만, 그보다 먼저 책을 사줄 것이다"라고 말했다.

미국 실리콘밸리에서 기업의 최고경영자들이 가장 보내고 싶어 하는 발도르프 학교에는 컴퓨터가 없다고 한다. 전 세계 노벨상의 24.5%를 차지하는 유대인들은 컴퓨터 게임은 고사하고, 집에 변변한 TV조차도 없다. 있다 해도 거실에 한 대가 있을뿐, 이조차 부모의 철저한 통제 하에 시청할 수 있다. 아이러니하게도 '페이스북'의 창업자 마크 주커버그(Mark Zuckerberg), '구글'의 공동창업자 세르게이 브린(Sergey Brin)과 래리 페이지(Larry Page), '마이크로소프트'의 공동 창업자 스티브 발머(Steve Ballmer), 그 외 실리콘밸리의 수많은 IT와 전자업계 창업자와 연구원들 대다수가 유대인이다. 집에 TV도 없는 유대인이 만든 컴퓨터 프로그램과 기술을 우리는 태어나는 순간부터 평생을 쓰는 것이다.

유대인 부모가 아이에게 미디어를 제한하는 이유는 시각을 통해 전달되는 왜곡되고 강렬한 세속적인 문화를 아이들에게 차단하기 위함이다. 게임과 영상매체의 강한 중독성으로부터 아이를 지키지 않으면 아이는 점점 더 강한 자극과 강렬한 이미지를 원하게 된다. 어린 나이에 강한 자극에 익숙한 아이들은 작은 활자가 빽빽이 들어간 책을 멀리하고, 깊은 사고를 해야 풀 수 있는 수학은 거들떠보지도 않게 된다.

뇌의 신경회로는 만 10세 이전에 상당 부분 형성되기 때문에 게임을 중·고등 시기에 시작하면 어지간해서는 문제가 되지 않는다. 잠깐 게임에 중독되더라도 쉽게 빠져나올 수 있다. 하지만 뇌 발육기인 초등학교 저학년에 게임을 시작한 아이는 중·고등 시기에 시작한 아이와 뇌 신경회로부터가 다르다. 뇌 신경회로가 게임 화면의 강렬한 화상 자극에만 반응하도록 배열되어 있기 때문이다. 게임을 하는 동안 시각계의 신경회로 활동이 너무 강해서 이성과 창의력을 담당하는 전두엽(3층 인간의 뇌)의 뇌세포 활동이 거의 정지해버린다는 연구도 있다. 전두엽이 거의 정지된 채 기계적인 손동작만을 하는 아이들은 욕구를 자제하지 못하고 폭력적으로 변할 수 있다.

게임으로 이렇게 새롭게 형성된 뇌 신경회로는 점점 더 강해지고 굳어져 전두엽을 쓰지 않고 본능처럼 게임에 집중할 수 있게 만든다. 한마디로 인간이긴 하지만 뇌를 쓰지 않고 게임을 하는 게임 좀비가 된다. 《게임 뇌의 공포》의 저자 모리 아키오는 소프트웨어 프로그래머 8명의 뇌파를 기록해 보았는데 8명 모두 치매 환자와 똑같은 뇌파를 보였다고 했다.

게임 중독 처방

게임 중독에 빠진 아이는 부모에게 매를 맞고 야단을 맞는 중에도 마음은 게임 속에 들어가 있다. 희성이는 그날 아빠에게 매를 맞는 와중에 아빠에게 한마디 했다고 한다.

"팀을 이뤄서 하는 게임인데, 저 때문에 친구들이 기다리고 있어요. 피시방에 잠깐만 다녀와서 맞으면 안 될까요?"

그제서야 희성이 아빠도 상태가 얼마나 심각한지 알 수 있었다.

자녀가 게임에 중독되었다면 반드시 치료해야 한다. 게임 중독은 시간이 지날수록 심해지기 때문에 학습 능력을 저하시킬 뿐 아니라 우울증, ADHD, 반항 장애로 이어질 수 있다. 반대로 우울증, ADHD, 반항 장애로 인해 게임 중독으로 이어질 수도 있다.

게임 중독 치료법

게임도 알코올이나 흡연 못지않은 강한 중독성이 있다. 금연을 시도해본 사람은 누구나 다 알 것이다. 얼마나 끊기 힘든지 말이다. 게임도 자녀의 의지만으로는 당장 게임을 끊기는 힘들다. 5년 넘게 컴퓨터를 다루고 게임을 즐겨온 희성이에게 당장 게임을 끊으라는 것은,

오랜시간 흡연을 해온 성인에게 당장 금연하라는 말과 같다.

1) 운동을 시키자

무언가에 중독된 사람들은 자신의 삶을 파괴하는 행동을 서슴지 않는다. 그러다가 중독된 행동이나 물질이 갑자기 중단되면 아무것도 할 수 없는 무기력감과 금단현상으로 괴로워한다. 이런 중독에서 벗어나게끔 에너지를 주는 것이 '운동'이다.

운동은 최소 일주일에 5일, 하루에 1시간 이상 할 것을 권한다. 중독된 사람들은 의지 부족이나, 도덕적 결함이 아닌 신경계의 이상이 있는 것이다. 운동은 손상된 신경 통로를 회복시키고 신경전달물질을 정상적으로 분비할 수 있게 돕는다. 게임 중독이 심할 때는 걷고 뛰는 정도의 혼자 하는 운동은 효과가 없을 수 있으니, 단체로 하는 농구나 축구를 하면 도움이 된다.

2) 부모부터 고치자

혹시 부모가 이유 없이 TV나 컴퓨터를 켜놓고 생활하거나, 식사시간에 TV를 보며 식사하는 건 아닌지 살펴보자. 부모는 허구한 날 컴퓨터나 스마트폰을 끼고 살면서 자녀에게는 그렇게 하지 말라는 건 전혀 효과가 없다.

게임 중독인 아이를 이해하기 위해 스스로 게임을 하는 부모도 있다. 게임 중독을 너무 얕본 처사이다. 한두 번 해 본다고 자녀를 이해할 수도 없을뿐더러, 부모 또한 게임 중독에 빠질 수가 있다. 이는 알코올 중독자를 이해하기 위해 술을 마셔보는 것과 같다. 부모까지 게임을 하면 자녀는 죄책감 없이 마음 놓고 게임에 몰입할 수 있게 된다. 게임 중독은 보통 부모에게 책임이 있다. 자녀가 어릴 때 놀아주기 귀찮다고 스마트폰과 TV에 값싼 보모 노릇을 시키지 않았는지 돌이켜보자.

3) 게임 시간을 아이와 합의한다

게임을 언제, 얼마나 할 것인지 자녀와 충분히 합의해서 결정한다. 매일 정해진 시간에 30분씩 하는 것보다 불규칙적으로 게임을 하게 하는 게 훨씬 효과가 좋다. 예를 들어 월, 화, 금 5~6시까지, 또는 화, 목, 금 6~7시까지 정하는 것이다. 단, 규칙을 어기고 몰래 게임을 했다면 다음번 게임을 할 기회를 박탈한다. 일주일에 이틀 정도는 컴퓨터 없는 날로 정하고 그날은 온 가족이 절대 컴퓨터를 켜지 않는 것도 좋은 방법이다.

4) 과거는 중요치 않다

자녀가 왜 게임 중독에 빠졌는지 따지다가 부부 싸움으로 번지는 경우도 있다. 서로를 탓하면서 원인을 찾으려고 하기 때문이다.

그러면 나 또한 그 부모에게 묻고 싶다. 도대체 원인을 찾으면 뭐가 달라진단 말인가? 이는 골프의 스윙 자세가 엉성해 티칭프로에게 강습을 받으러 갔는데, 티칭프로가 당신에게 "왜 이렇게 스윙 자세가 엉성한지 과거로 거슬러 올라가 원인을 찾아봅시다"라고 말하는 것과 같다. 과거의 원인은 중요하지 않다. 지금 당장 해결해야 할 문제에 집중하자. 그리고 어차피 원인은 가정 환경이다.

5) 브라이트 스폿을 찾아라

혹시 게임 중독에 빠진 자녀가 게임을 하지 않은 날이 있는가? 그 날이 바로 '브라이트 스폿(bright spot)'이다. 밝은 점을 찾고 '왜 그날은 아이가 게임을 안 했지?' 분석하고 또 분석해 보자. 그리고 다음에 그 비슷한 환경을 만들어 '브라이트 스폿의 날(bright spot day)'로 지정하고 같은 상황을 만들어보는 것이다. 자녀가 게임을 안 하면 온 가족이 칭찬하고, 격려하면 된다. 지속해서 브라이트 스폿을 찾다보면 부모에게도 만족할 날이 올 것이다.

CHAPTER 04

이유 없는 반항 동현이

도덕과 훈련이 없으면 행운이 가져다준 결과를 감당하기 어렵다.

아리스토텔레스(Aristoteles)

동현이 스토리

쾅!

무슨 폭탄 터지는 소리가 났다. 그건 다름이 아니라 동현이가 방에 들어가면서 문을 아주 세게 닫는 소리다. 거실에서 엄마에게 꾸중을 듣고, 화가 난 동현이가 방으로 들어가면서 한 행동이다. 그리고 방문을 잠그고 밖으로 나오지 않는다. 저녁때가 되어 엄마가 밥을 먹으라고 해도 꿈적하지 않는다.

동현이는 무엇이든 자기 뜻대로 하고 싶어 한다. 자기 마음대로 되지 않으면 공격성을 띠거나 무력감을 느낀다. 학교에서 친구들은 동현이와 토론하는 걸 꺼린다. 토론이 시작되면 자기만 옳고 상대는 무조건 틀렸다고 주장하기 때문이다. 자신이 틀렸다는 명백한 증거가 있어도 막무가내로 억지 주장을 펼치며 화를 낸다. 친구들을 지배하고, 이용하려고도 한다.

동현이는 사람을 이용할 때 일종의 쾌감까지 느낀다. 이 때문에 자신의 말을 잘 따르는 친구에게는 우호적이고 다정하지만, 그렇지 않은 친구들에게는 적대적이다. 그래서 친구가 많지 않다.

동현이는 한 학원을 오래 다닌 적이 없다. 선생님이 자신의 기분을 맞춰 주지 않거나, 숙제가 많으면 집에 가서 잘 못 가르치는 학원이라며 험담을 늘어놓기 일쑤다. 동현이의 말을 믿은 엄마는 잘 가르치기로 유명한 학원에 어렵게 등록시키지만, 또 동현이의 불평을 듣는다. 자신은 항상 옳고, 다른 사람들은 비효율적이고 비합리적이라 주장하며, 선생님이 뭔가를 써 오는 숙제를 내면 동현이는 꼭 토를 단다.

"눈으로 봐도 충분히 이해할 수 있는 걸 굳이 손으로 써야 하나요?"

"써 봐야 잘 이해할 수 있단다."

"꼭 써야만 이해된다는 증거 있으면 어디 내놔 봐요."

강의실 분위기는 삽시간에 얼어붙는다. 선생님뿐만 아니라 같은 수업을 듣는 학생들도 당황하기는 마찬가지다. 보통 이런 일이 반복되면 학원에서는 퇴원을 시킨다. 동현이를 학원에 보내면 둘 중에 하나다. 스스로 그만두거나, 퇴원당하거나.

동현이는 자신이 무엇을 좋아하고 싫어하는지 정확히 알고 있는 아이이다. 학교에서도 자신에게 관심을 주는 선생님 과목은 좋아하고 열심히 하지만, 싫어하는 선생님 과목의 점수는 바닥을 긴다. 과목에 좋고 싫음이 있는 것이 아니라 선생님이 좋고 싫음에 따라 성적이 좌우된다. 그래서 학교 성적은 A에서 E까지 들쭉날쭉하다.

학원에서는 선생님이 마음에 들지 않으면 그만두면 되지만, 학교는 그럴 수 없다. 그래서 동현이가 찾은 방법은 부모를 이용해 선생님에게 대항하는 것으로, 주로 선생님에게는 엄마와 아빠의 험담을 하고, 부모에게는 선생님의 험담을 해 서로 오해하도록 만든다.

동현이는 어떻게 하면 선생님을 망신시킬 수 있을까 끊임없이 연구하고 또 연구한다. 특히 질문을 가장한 수업 방해를 가장 선호하는 편이다. 이런 반항적인 아이들은 수업 내용과 전혀 상관없는 질문을 반복함으로써 선생님을 지치게 하거나 굴복시키려 든다. 때로는 수업 내용에서 중요하지 않은 부분을 일부러 논쟁거리로 삼아 선생님에게 도전한다.

"선생님이 틀린 것 같아요."

동현이는 일단 말을 뱉어 놓고 시작한다. 선생님과 논쟁이 붙으면 자신은 잃을 게 없지만, 선생님은 심한 타격을 받을 수 있다는 사실을 알기 때문이다. 선생님 또한 이런 사실을 알고 있다. 이런 소모적인 논쟁에서 이겨봐야 본전도 못 찾고, 지면 실력 없는 선생님으로 낙인찍혀 아이들로부터 존경심을 잃게 될 수도 있는 노릇이다.

동현이의 행동 분석

지난 18년간 현장에서 수많은 학생을 가르치고, 교육 상담을 하면서 가장 어려웠던 유형이 바로 '반항적인 아이들'이었다. 선생님도 사람인지라 반항아가 있는 교실은 들어가기 싫다. 박사과정 전공이 교육심리라서 교직에 있는 지인들이 내게 조언을 구할 때가 있는데, 부동의 1위가 바로 반항아 문제였다. 게다가 한 번씩 운동하러 가는 체육관의 관장마저도 이런 반항아 때문에 골머리를 앓고 있었다. 체육관 관장에게까지 반항하는데 하물며 학교나 학원 선생님에게는 오죽하겠는가? 교육심리 전공자여서 이론적으론 반항 장애(oppositional defiant disorder)와 대처 방안에 대해 알고 있지만, 나 역시 실제 교육 현장에선 난감할 때가 많았다.

반항적인 아이는 빈번하게 감정이 폭발하고, 주변 사람들과 과도한 언쟁을 하여, 개인과 공동체에 심각한 타격을 준다. 반항의 이유는 '나를 두려워하는 엄마, 나를 방치한 엄마, 폭행을 일삼는 아빠, 과도

한 체벌과 억압, 부모의 게임 중독과 약물중독, 부모의 외도, 부모의 무관심, 과잉 칭찬, 엄마의 우울증'에 대한 경험으로 시작하는 경우가 많다. 과거의 잘못된 경험이 아이의 성장에 영향을 미친 것이다.

주로 8세 전에 발생해 14~15세 정도에 발현하는 반항 장애는 사춘기의 일시적 반항과는 전혀 다르다. 반항 장애를 방치할 경우 우울증, 과잉행동장애, 반사회적 인격 장애로 발전할 수 있고, 심하면 청소년 범죄로 번지는 경우도 있다.

반항 장애의 유형

1) 부모나 교사에게 부정적인 언행과 적대적 행동을 보인다

반항아는 어른이 만들어 놓은 규칙을 거부한다. 부모나 선생님과 같은 권위 있는 사람을 말을 전혀 들으려 하지 않고, 자기의 생각대로 살아가려 한다. 선생님을 포함한 주위의 많은 사람이 자신을 싫어한다고 생각하고, 다른 사람을 조종하고 이용할 수 없으면 의기소침해 한다. 자신의 지시에 따르지 않는 친구가 강하면 뒤에서 험담하고 이간질하며, 힘이 약하면 폭력을 사용하는 것도 주저하지 않는다.

2) 부모나 교사의 말꼬리를 잡고 논쟁하려 든다

청소년의 발달 과정에서 논쟁과 부모와 선생님에 대한 불복종, 거짓말, 공격적인 행동은 정도의 차이는 있지만 누구에게나 조금씩은 있다. 이런 반항적인 행동이 정도가 약하고, 자주 발생하지 않으면 그 자체로 문제라고 규정할 수는 없다. 하지만 어른들의 합리적이고, 정당한 지시를 반복적으로 거부하거나 부모, 선생님, 형제, 또래와의 관계에서 자주 문제를 일으켜 타인의 기본권을 빼앗고, 사회 규칙과 규범, 그리고 법에 저촉된 행동을 하는 것은 큰 문제이다.

3) 타인을 이용하려 한다

반항아는 부모나 선생님, 친구들을 마음대로 조종하고 이용할 수 없을 때에 분노를 드러내며, 자기 고집대로 되지 않을 때 싸우고, 거짓말하고 언어적으로나 신체적으로 폭력을 행사한다. 도저히 이길 수 없을 때는 분노의 눈물을 보이기도 한다. 누군가 자신의 잘못을 지적하면 그게 설사 부모나 선생님이라도 복수할 방법을 찾는다. 그리고 반항적인 아이들은 집 안팎에서 끊임없이 문제를 일으킨다.

4) 지배자가 되려 한다

반항아는 자신의 말을 잘 따르는 친구가 다른 아이와 어울리는 것을 매우 싫어한다. 한마디로 친구를 독점하고 통제하길 원한다. 자신을 특별한 사람이라고 여기며, 자신의 능력을 과대평가해 남들보다 똑똑한, 리더십 있는 사람이라 착각하기도 한다.

5) 부모나 교사를 조종하려 든다

반항아는 자신의 요구를 들어주지 않는 사람이 부모라도 거짓말을 하거나 이간질한다. 엄마에게는 아빠의 나쁜 점을 이야기하고, 아빠에게는 엄마의 나쁜 점을 이야기한다. 만약 부모 모두가 요구를 들어주지 않으면 할머니, 할아버지에게까지 손을 뻗친다. 선생님이 낸 숙제가 싫으면 자신의 말을 잘 들어주는 부모에게 꾸며낸 이야기로 선생님에 대한 험담을 하고, 부모를 자신의 편으로 만들려고 한다.

6) 늘 남 탓을 한다

자신의 행동 때문에 어려움에 빠지면 상황 전체를 남 탓으로 돌리기도 한다. 이는 잘못된 결과에 대해 책임지지 않으려 함이다. 남 탓을 함으로써 자신을 변호하고 방어할 수 있기 때문이다. 이런 아이는 거짓말을 일삼고 공격적이기 때문에 또래 집단에서 소외되기 쉽다. 이 때문에 우울한 기질을 가지고 있는 경우도 많다.

반항 장애 자가 진단

다음 항목 중 4개 이상이 6개월간 지속된다면 반항 장애가 의심된다.

- **작은 일에도 쉽게 화를 낸다.**

- 부모나 교사의 말꼬리를 잡고 자주 싸우려 든다.
- 타인의 말을 무시하거나 거절한다.
- 자신의 실수를 남 탓으로 돌린다.
- 평소에도 악의에 차 있거나 앙심을 가지고 말한다.
- 고의로 타인을 귀찮게 하고 위해를 가하기도 한다.
- 타인을 놀리고 조롱한다.

반항 장애의 원인

1) 부모의 일관성 없는 양육 태도

부모의 일관성 없는 훈육이 반항아를 만들 수 있다. 같은 잘못을 했는데 부모의 기분에 따라 혼날 수도 있고, 그냥 넘어갈 수도 있다면 아이는 혼란스러워한다. 이런 일이 반복되면 아이는 잘못된 행동을 해도 엄마의 기분만 좋다면 혼나지 않을 수 있다는 걸 깨닫는다. 아이는 자신의 의지에 따라 바른 행동을 할 수도, 나쁜 행동을 할 수도 있는데 기분은 그렇지가 않다. 엄마의 기분이 나쁠 때는 아이가 아무리 칭찬받을 행동을 해도 무시당하거나, 혼날 수밖에 없다. 아이가 자신의 노력으로 상황이 좋아질 수 없다는 걸 깨닫게 된 순간부터 반항은 시작된다. 이런 환경에서 성장한 아이들은 반항 장애와 함께 ADHD, 품행 장애가 올 수 있다.

2) 가정 폭력

앞서 말한 동현이의 아빠는 습관적으로 외도를 하고 이를 반성하기는커녕 술을 마시고 집에 들어와 엄마를 폭행하고 때로는 다른 자녀까지 폭행을 했다. 남편의 폭력에 견딜 수 없었던 동현이 엄마는 이혼을 결심했지만 차마 삼남매를 아빠 없는 아이들로 키울 수 없어 참고 살았다. 하지만 외도와 폭력은 날이 갈수록 점점 더 심해졌고, 가족 모두의 삶이 망가져 버렸다.

동현이는 초등학교 때까지만 해도 공부를 곧잘 해서 학교에 영재라는 소문이 났었다. 동현이는 불쌍한 엄마를 위해 사랑받을 행동을 하는 아이였지만, 중학교에 올라가면서 무기력하게 맞기만 하는 엄마를 보면서 부모와 세상에 분노하기 시작했다. 그리고 그 분노를 집과 학교에서 표출하기 시작했다. 자기보다 힘이 약한 아이들을 무자비하게 폭행했고, 학교 선생님에게도 입에 담지 못할 욕설을 퍼부었다. 마음에 들지 않는 친구가 있으면 그 친구의 부모 욕을 일삼았다. 담임은 동현이를 감당할 수 없어, 다른 선생님에게 도움을 청했지만 학교에서 도와줄 수 있는 사람은 아무도 없었다. 결국 학교 폭력이 반복돼 다른 학교로 강제 전학을 갔고, 전학 간 학교에서도 같은 행동을 반복했다. 동현이 아빠의 무책임하고, 무지한 행동이 영재를 문제아로 만들어 버린 것이다.

3) 엄마의 정서적 불안정

엄마의 정서적 불안정으로 인해 어린 시절에 충분한 관심과 지지를 받지 못한 경우에도 아이에게 반항 장애가 생길 수 있다. 정서적으로 불안정하거나 우울한 엄마는 자녀의 요구에 반응하지 않고, 방치하고 방임한다. 엄마에게 거절당한 아이는 학교에 입학해서도 또래들에게 거절당하고 학업 성취도도 떨어진다. 고학년이 되면 학습 부진아, 학교 부적응아로 낙인이 찍히기도 한다.

4) 과잉보호와 과잉 칭찬

반항 장애는 부모의 방임과 학대가 가장 큰 원인이지만 '과잉보호와 과잉 칭찬'이 문제가 되는 경우도 종종 있다. 인간은 본래 발달 시기에 따라 적당한 자극을 받음으로써 단계적으로 그 능력을 높여나간다. 그러나 과잉보호는 아이들이 자극을 받아들이고 거기에 적응하여 행동할 것을 부모가 대신함으로써 발달의 기회를 놓치게 한다.

어린 시절부터 과잉 칭찬과 과잉보호 속에서 자란 아이들은 학교에서의 현실에 부딪히며 반항적인 기질을 갖게 된다. 만 2세만 되어도 아이는 거짓 칭찬과 진짜 칭찬을 구별하기 때문에 자신의 행동에 진심 어린 칭찬을 받은 아이는 부모의 칭찬에 긍지를 느낀다. 그러나 별것도 아닌 일에 호들갑 떨며 칭찬을 남발하면 자녀는 그것이 아부성 칭찬이라는 것을 바로 알아차린다. 적절한 칭찬은 올바른 행동을 강화해 고래를 춤추게 할 수도 있지만, 쓸데없는 과잉 칭찬을 남발하면 고래를 병들게 할 수도 있다.

과잉보호는 자녀가 하는 행동이 못 미더워 부모가 하나부터 열까지 다 해주는 것이다. 이 경우 자녀는 자기 일을 끝까지 해내는 힘과 자기 통제 능력을 잃게 된다. 아이는 참을성이 부족하고 공격적으로 변할 수도 있으며, 자기 생각을 남들 앞에서 제대로 표현하지 못하는 우유부단한 아이가 될 수도 있다.

속담에 '미운 아이에게 떡 하나 더 주고, 예쁜 아이에게 매 한 대 더 때린다'라는 말이 있다. 자녀가 귀하고 예쁠수록 객관적으로 아이를 보고, 이성적으로 키우란 뜻이다.

반항 장애 처방

부모, 교사, 친구 모두가 한마음이 되어야 한다. 반항아는 누구든 이기려 하고 억지를 부린다. 자신의 행동이 틀렸다는 것을 알면서도 끝까지 주장을 굽히지 않는다. 그래서 반항아는 또래에게 쉽게 거절당하고, 학업 성취도가 떨어지며, 학교 부적응아로 낙인찍힌다.

정신과 전문의, 자격이 있는 심리 전문가, 교육심리 전문가가 아닌 사람이 반항 장애를 겪는 아이에게 장황하게 나름의 훈계를 늘어놓는 것은 불난 집에 기름을 붓는 격이다. 반항 장애에는 주변 사람들의 시간과 노력이 필요하다.

일시적인 반항인 경우에는 따뜻하게 안아주고, 자녀의 말에 귀 기울이면 되지만, 심한 반항이 6개월 이상 지속하면 정신건강의학과 전문의와 상담을 권한다.

CHAPTER 05

공부만 시작하면 꾸물거리는 동규

> 나는 알 수 없는 새로운 힘에 질질 끌려 다니고 있다. 욕망과 이성은 서로 반대 방향에서 나를 잡아당기고 나는 무엇이 옳은 길인지를 알면서도 잘못된 길을 따르고 있다.
>
> 파블리우스 오비디우스 나소(Publius Naso Ovidius)

동규 스토리

중학교 2학년인 동규는 뭔가를 할 때마다 꾸물거리기 일쑤다. 거실에서 TV를 보다가 엄마의 따가운 눈초리가 느껴지면 슬금슬금 일어나 공부하러 방에 들어가지만, 그때부터 꾸물거림이 시작된다.

일단 책상에 앉은 동규는 방을 한번 휙 둘러보고서는 방이 지저분하고 정리가 되어 있지 않아 공부가 안될 것 같은 느낌이 든다. 그래서 갑자기 생전 하지도 않던 방 청소를 시작한다. 30~40분 청소를 하고 나니 방이 제법 깨끗해진 것 같다.

본격적으로 공부를 시작하려 했으나 이번에는 방의 구조가 공부에 적합하지 않다고 생각해 책상의 위치를 바꿔본다. 의자에서 삐걱거리는 소리가 너무 거슬려 엄마에게 공부하기에 편한 의자를 사달라고 말했다. 드디어 책상 앞에 앉았다. 그런데 이번에는 책꽂이를 보자 마음이 답답해졌다. 책이 일정한 규칙 없이 꽂힌 게 아닌가. 그래서 이제는 책을 정리하기 시작한다. 안 보는 책은 한쪽에 빼놓고, 자주 보는 문제집과 참고서는 잘 보이는 곳에 모은다. 언제 샀는지도 기억 안 나는 문제집이 책꽂이에 꽂혀 있는 걸 보고 한번 훅 넘겨본다. '이거 언제 산 문제집이지? 다음에 꼭 풀어봐야겠어'라고 다짐하고 다시 원래 자리에 꽂아 둔다.

30분간 책 정리를 하고 나니 또 갑자기 책상에 먼지가 많아 공부가 잘 안될 것 같다. 그래서 물티슈를 뽑아 책상을 닦기 시작한다. 꼼꼼히 다 닦은 동규는 드디어 책을 펴지만, 청소에 힘을 너무 많이 써서 그런지 지치고 말았다. 그리고 조금 쉴 겸 스마트폰을 꺼내 들었다. 조금만 보고 공부할 생각이었는데 그만 2시간이나 훌쩍 지나가 버렸다. 책상에 앉은 지 4시간이 지났고, 공부는 하나도 못했건만 너무 피곤하다. 내일까지 제출해야 하는 숙제가 산더미처럼 쌓여 있지만 왠지 모를 짜증이 밀려와 더는 아무것도 하기 싫어졌다. 동규는 '내일 아침 일찍 일어나서 하든가, 학교에 가서 하면 되지'라고 생각하고 스마트폰을 가지고 침대에 누웠다.

물론 동규는 숙제를 하지 못했다.

선생님이 "왜 숙제를 하지 않은 거야?" 다그치면 집에서 숙제를 했는데 두고 왔다고 거짓말을 하거나 깜빡 잊었다고 둘러댄다. 동규와 비슷한 행동 패턴을 가진 아이들은 다음과 같은 말을 자주 한다. "공부할 시간이 부족해요", "공부는 많이 하는데 성적이 나오지 않아요", "의욕은 있는데 공부가 제대로 되지 않아요", "지금 하는 공부의 핵심을 놓친 것 같아요"라고 한다.

동규의 행동 분석

동규는 왜 꾸물거릴까?

동규처럼 꾸물거리는 행동을 '지연 행동'이라고도 한다. 지연 행동을 보이는 아이들의 특징은 '공부에는 특별한 집중력이 필요하다'고 믿는 경향이 있다. 그래서 그들은 '공부를 한번 시작하면 2~3시간 책상 앞에 딱 붙어 앉아서 단번에 뚝딱 해치워야 한다'고 생각한다. 공부를 시작 전에 하는 방 청소와 정리는 '공부라는 큰일을 위해 긴장감을 높이겠다'는 심리가 내포된 것이다.

동규는 공부를 위한 만반의 준비를 끝내고 시작했지만 얼마 가지 않아 피로가 파도처럼 몰려온다. 공부의 목적이 학습이 아닌 '책상 앞에서 얼마나 오래 버티는가'로 변질됐기 때문이다. 이렇게 하면 스트레스로 인해 몸과 마음이 지쳐 앉아 있기조차 버거워진다. 어떻게

든 2~3시간 앉아 있긴 했지만, 한 건 없고 피로만 쌓인다. 이렇게 지연 행동에 빠진 아이들은 '책상 앞에 딴짓하며 앉아 있던 시간'을 공부한 시간이라고 착각한다.

지연 행동은 왜 나타날까? 타고난 기질 때문일 수도 있고, 잘못된 습관이 원인일 수도 있다. 타고난 기질 때문이라면 뭐든 신중히 생각하고 결정하느라 행동이 느린 것이므로 아이를 믿고 지켜보는 게 좋지만, 나쁜 습관이 원인이라면 방치하지 말자.

꾸물거림은 뇌 과학적으로 감정 중추(변연계)가 이성 중추(전두엽)를 이겨서 생기는 충동조절 장애라 할 수 있다. 그들은 오늘 할 일을 내일로 미루면 왠지 더 집중해서 끝낼 것 같은 기분이 들고 긴장감 있어 보인다고 착각한다.

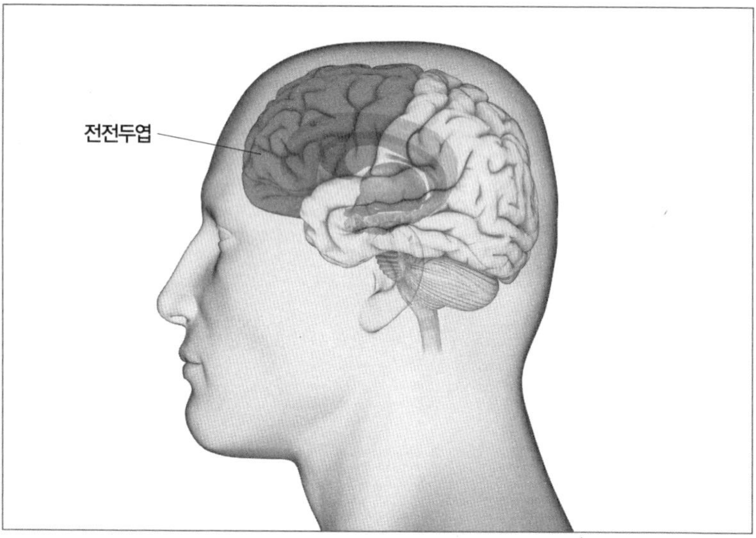

'전두엽'은 계획을 세우고 행동하게 하는 조절하는 기관이다.

뇌의 오른쪽 전두엽(우뇌)은 음악, 미술과 같은 예술적 감성, 언어 발성과 관련되어 있고, 왼쪽 전두엽(좌뇌)은 논리적 사고와 집중력, 문자와 기호의 이해를 관장한다. 전두엽은 한마디로 뇌의 총사령관이고, 인간이 인간답게 살게 해주는 기능을 하는 담당하는 기관이라 볼 수 있다. 회사로 비유하면 최고 책임자인 CEO인 셈이다. 전두엽은 생각, 추리, 기억을 통해 상황의 본질을 파악하고, 계획을 세우는 목표 지향적인 행동을 주관한다.

전두엽은 하등 동물에서 고등 동물로 진화하면서 커진 곳이다. 대뇌 피질 전체 가운데 개의 전두엽은 7%, 침팬지의 전두엽은 17%이고 사람의 전두엽은 30%인 약 760㎠이다.

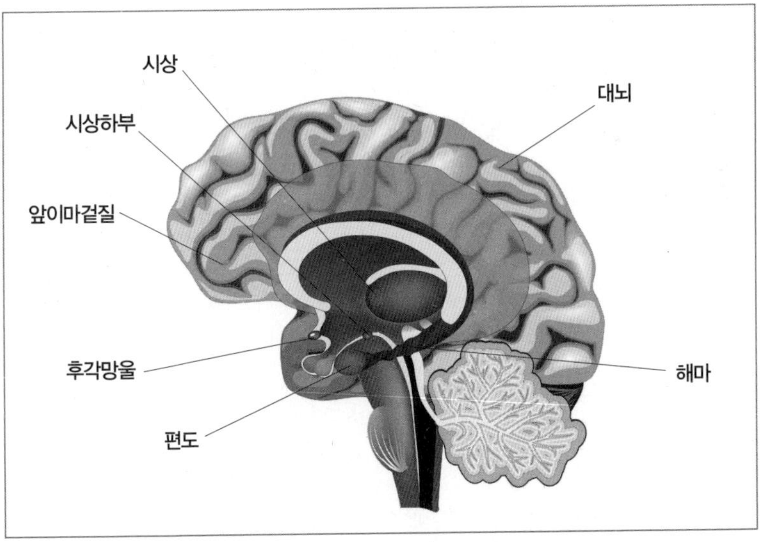

'변연계'는 감정의 중추로, 좋음, 싫음, 미움, 공포, 불안, 질투 등의 동물적이고 원초적인 감정을 담당하는 기관이다. 변연계에는 감정을 조절하는 편도체(amygdala)와 기억을 담당하는 해마(hippocampus), 자율신경의 컨트롤 센터인 시상하부 등과 같은 인간의 감정과 기억에 관계하는 기관이 모두 모여 있다.

즉, 전두엽의 통제 기능이 제대로 발휘하지 않으면 변연계는 원시적인 감정이 그대로 행동으로 나타나고 만다.

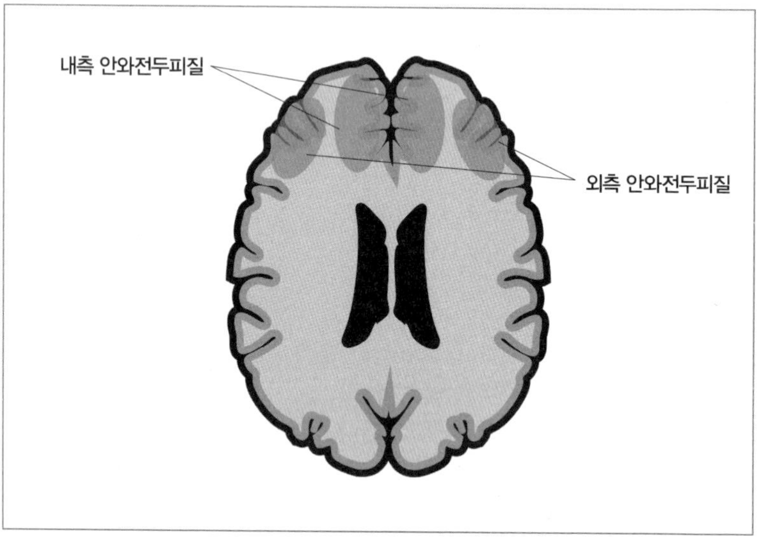

'안와전두엽'은 눈 바로 위쪽에 위치한 뇌의 일부이다. 'orbit(안와)'는 눈구멍을 뜻하는 라틴어이다. 안와전두엽은 지성을 관장하는 전두엽과 감성 중추인 변연계 사이에서 양쪽의 균형을 잡아주고, 각자의 기능을 제대로 발휘할 수 있도록 조정하는 역할을 하는 부위이다.

대뇌 피질과 변연계 사이의 신경회로는 오직 안와전두엽을 통해서만 조절된다. 그래서 안와전두엽에 이상이 생기면 감정을 조절하지 못한다.

혹시 태국의 코끼리 트래킹을 본적이 있는가? 전두엽과 안와전두엽, 그리고 변연계의 매커니즘을 '코끼리 트래킹'으로 비유해볼 수 있다. 코끼리 트래킹을 보면 사람이 자신보다 몇 배나 큰 코끼리를 조종한다. 코끼리를 조종하는 기수가 이성 중추인 '전두엽', 코끼리가 감정 중추인 '변연계', 코끼리를 조종하는 고삐를 '안와전두엽'으로 생각하면 된다.

사람의 마음을 최초로 코끼리에 비유한 것은 석가모니이며, 플라톤도 "우리의 머릿속에는 채찍과 회초리에도 굴복하지 않는 통제할 수 없는 말과 이를 제어해야 하는 이성적인 마부가 존재한다"라며, 말과 마부로 표현한 적이 있다. 근대 철학의 시조로 불리는 데카르트(Descartes)도 마음과 육체를 별개로 구별하고, 마음과 육체는 서로 다른 본성과 법칙이 존재한다고 주장했다.

이성과 감성을 사람과 코끼리로 가장 잘 표현 것은 버지니아 대학의 심리학자 조나단 헤이트(Jonathan Haidt)이다. 그는 자신의 저서《행복의 가설》에서 이렇게 말했다.

"우리는 감성적 측면이 코끼리 위에 올라탄 기수가 고삐를 쥐고 있기 때문에 코끼리가 가는 방향을 결정할 것으로 보이는데, 사실은 기수의 통제력은 크게 효과를 발휘하지는 못한다. 왜냐하면 기수가 코끼리와 비교하면 너무 작기 때문이다. 기수와 코끼리의 진행 방향에 관해 서로의 의견이 일치하지 않을 때면 언제나 코끼리가 이긴다. 기수는 상대가 되지 않는다."

동규의 전두엽(기수)은 안와전두엽(고삐)을 통해 변연계(코끼리)를 효과적으로 통제해야 하지만, 그러지 못하고 있다. 동규의 전두엽은 꾸물거리지 말고, 방에 들어가 앉아마자 숙제부터 다 하고, 남는 시간에 청소든 스마트폰을 하라고 명령하지만, 거대한 변연계는 이를 거부한다.

변연계는 본능적으로 게으르고 눈에 보이는 단기적 쾌감을 쫓는다. 그래서 미래를 위해 참고 기다리기보다는 쾌락과 편안함에 매달린다.

기수와 코끼리가 힘으로만 대결하면 당연히 코끼리가 이긴다. 아이뿐만 아니라 성인에게도 이런 장면은 익숙하다. 다이어트를 시작하고는 과식하고, 금연을 선언하고는 편의점에 달려가 담배를 사며, 자기계발이나 운동을 결심하고는 소파에 누워 TV를 본다. 모두 이성(기수)이 변화를 시도했지만, 감성(코끼리)이 거부해서 실패한 것이다.

그렇다면 코끼리는 항상 나쁜 놈인가? 그렇지는 않다. 기수 또한 약점이 있다. 전두엽(기수)은 지나치게 분석하고 사고를 오래 하는 경향이 있다. 역사적으로 가장 강력한 전두엽을 가진 사람으로 추정되는 이가 있다. 바로 엠마뉘엘 칸트(Immanuel Kant)이다.

칸트는 철학사에서 근대 철학을 종합한 가장 위대한 철학자 중의 한 사람으로, 대중에게는 철두철미한 시간 관리로도 유명하다. 칸트는 '그 시간'에는 무슨 일이 있어도 '그 일'을 했다. 한 치의 오차 없이 매일 정해진 시간에 일어나, 차를 마시고, 집필하고 강의를 하러 학교에 갔다. 정해진 시간에 밥을 먹었고 오후 4시에는 회색 코트를 입고 '철학자의 길'이라고 불리는 쾨니히스베르크의 보리수나무가 줄지은 길을 걸었다. 지팡이를 짚고 걷는 칸트를 보고 사람들은 시계를 맞추곤 했다. 칸트는 평생 딱 두 번 산책 시간을 지키지 못한 적이 있는데, 바로 루소가 쓴 《에밀》을 읽었을 때와 프랑스혁명에 관한 소식이 실린 신문을 읽었을 때뿐이다.

이렇게 완벽한 이성을 가진 칸트에게도 문제가 생겼다. 바로 애인에게 청혼을 받은 것이다. 청혼을 받자마자 칸트는 애인에게 고민할 시간이 필요하다고 이야기하고 깊은 사색에 잠겼다. 오랜 사색 뒤 결혼을 결심한 칸트는 청혼한 애인을 찾아가 "청혼을 기쁜 마음으로 받아들이기로 했다"고 전했으나 결국 그는 결혼하지 못했다. 결혼의 장단점을 고민하기 위해 7년이나 보냈기 때문이다. 칸트가 그녀의 청혼을 받아들이기로 했을 때는 이미 다른 사람의 아내가 되어있었다. 칸트처럼 전두엽이 지나치게 크면 결정을 내리지 못하고 질질 끄는 경향이 있다.

지연 행동 처방

꾸물거리는 아이에게 뭔가 좋은 변화를 가하고 싶다면 부모님과 선생님은 아이의 기수와 코끼리 모두에게 자극을 줘야 한다. 기수에게는 올바른 방향과 미래를 제시하고, 코끼리에게는 의욕과 동기를 제공해야만 한다. 만약 기수에게만 힘을 실어 준다면 기수는 생각만 할 뿐 앞으로 나아가지 못하고, 코끼리에게만 힘을 실어준다면 코끼리는 방향성 없이 주변만 떠돌 것이다. 기수와 코끼리를 함께 움직이게 해야 비로소 변화를 맛볼 수 있다.

1) 명확한 방향을 제시한다

동규처럼 방에 들어가서 꾸물거리는 것은 무엇부터 해야 할지 몰라서인 경우가 많다. "중학교 2학년 정도면 자신이 알아서 해야지"라고 말하는 부모도 있는데, 이런 부모는 보통 자녀 교육에 별 관심이 없다. 아이에게 주어진 선택의 폭이 넓을수록 그들의 이성(기수)은 지쳐만 간다. 예를 들어, 백화점에 쇼핑을 하러 갔다고 생각해보자. 백화점에서는 수많은 선택을 할 수 있다. 하지만 적절한 선택권만 주어진다면 자유를 누릴 수 있지만, 과도한 선택권이 주어지면 오히려 스트레스만 받는다. 백화점 쇼핑이 피곤하게 느껴지는 이유이다. 이것을 '선택 마비(decision paralysis)'라고 부른다.

동규에게도 마찬가지로 너무나 많은 선택권이 놓여있다. 그리고 선택이 많으면 보통은 가장 익숙한 패턴으로 행동하게 되어있다. 동규는 방 청소, 책 정리, 스마트폰, 공부 이렇게 4개의 선택권 중에 제일 먼저 방 청소를 택했을 뿐인데, 방 청소와 책 정리를 하고 나니 힘이 다 빠져서 제일 중요한 공부는 하지 못한 것이다.

동규처럼 공부방에 많은 선택 요소가 있으면, 우선순위를 정해주는 게 좋다. 먼저 방에 들여보내서 숙제부터 하라고 말해주자.

2) 5분 공부법

코끼리가 기수의 요구에 꿈쩍도 하지 않는다. 코끼리는 눈에 보이는 즉각적인 보상을 주어야지만 움직인다. 힘으로는 코끼리를 이길 수조차 없다. 동규처럼 이런 게으른 코끼리를 가진 아이를 움직일 수 있는 공부법이 있다. 바로 '5분 공부법'이다.

5분 공부법은 일단 방에 들어가서 앉자마자 어떤 일이 있어도 5분 동안은 숙제하게 하는 것이다.

"의자에 앉자마자 딱 5분만 공부해. 그 다음은 네가 청소를 하든, 방을 닦든, 책장을 정리하든 상관하지 않을게."

그러면 코끼리는 이렇게 생각한다.

'겨우 5분인데, 힘들어 봐야 얼마나 힘들겠어. 그래. 빨리 숙제를 해치우고 스마트폰 가지고 침대에 벌러덩 누워야지.'

아이들에게 5분 공부는 어떤 의미가 있을까? 그건 바로 '하기 싫은 일'을 시작하는 데 의미가 있다. 비행기가 이륙할 때 가장 많은 에너지를 소비하듯이, 인간의 행동도 시작이 가장 힘들다. 일단 이륙한 비행기는 별 힘을 들이지 않고 목적지까지 날아가는 것처럼, 한번 시작한 숙제는 웬만하면 끝내게 되어 있다.

구체적으로 어떤 것부터 할지 정해주고, 의자에 앉자마자 5분 동안 공부하게 하자.

CHAPTER 06

멀티태스킹의 달인 경진이

중요한 일에 집중할 수 있는 능력이 바로 지능의 가장 중요한 특징이다.

부커 T.워싱턴(BOOKER T. WASHINGTON)

경진이 스토리

몇 년 전 학업에 문제가 있는 고등학교 2학년 경진이를 상담했다. 경진이는 방송사 PD가 되고 싶어 공부를 열심히 하지만, 내신과 모의고사 모두 성적은 바닥이다. 무척 성실해서 선생님께 칭찬을 받는 모범적인 학생이지만 이상하게 성적만은 모범적이지 않다.

모든 게 정상이고 바른 학생이었다. 집에 가정불화도 없었고, 교우관계도 원만했으며, 학교생활도 좋았다. 공부 방법도 나쁘지 않았다.

하루에 7~10시간 이상 집중해서 공부도 했다. 대면 학습 상담만으로는 문제점을 발견할 수 없어서 웩슬러 아동지능 검사(K-WISC-4)와 학습 전략 검사(MLST-II)도 했는데 지능은 평균 이상으로 나왔고 학습 전략에도 전혀 문제가 없었다. 결국 문제의 원인을 찾지 못한 채 상담이 끝나고 말았다. 그리고 몇 주 후 경진이의 친구에게 물어봤다.

"왜 경진이는 공부량에 비해 성적이 나오지 않는 것 같니?"

대답은 1초 만에 날아왔다.

"경진이는 항상 귀에 이어폰을 꽂고 있어요. 맨날 스마트폰으로 음악을 들으면서 공부해요. 친구들이 다 스마트폰 때문에 성적이 나오지 않는 것 같다고 하면, 경진이는 불같이 화를 내요. 그래서 아무도 그 얘기를 할 수 없어요."

나는 그 말을 듣자마자 너무 허탈해서 웃음이 나왔다. 나중에 안 사실이지만 경진이가 공부를 못하는 이유를 부모님까지도 어렴풋이 알고 있었다. 그 뒤 경진이를 만나 다시 상담을 이어나갔다.

"넌 항상 스마트폰으로 음악을 들으며 공부하니?"

"스마트폰을 항상 보는 건 아니지만, 음악을 듣지 않으면 공부에

집중할 수가 없어요."

"스마트폰이 네가 공부하는 데 꼭 필요한 물건일까?"

"스마트폰으로 모르는 영어 단어도 찾아야 하고, 토론 자료도 찾아야 하고, 등하굣길에 음악도 듣고, 방송사 PD가 되는데 꼭 필요한 콘텐츠도 만들어야 해요. 학생회에서 일어나는 모든 일은 단체 메신저로 알 수 있고, 학교 주요공지도 스마트폰이 있어야 알 수 있어요. 중학교, 고등학교, 동아리에서의 모든 정보가 단체 메신저로만 알 수 있어요."

경진이는 정말 쉬지 않고 스마트폰이 필요한 이유를 내게 설명했다. 그러고는 스스로 스마트폰이 자신에게 절대 없어서는 안 될 존재라는 결론을 내렸다. 정말 경진이에게 스마트폰은 없어서는 안 될 존재였을까?

경진이의 행동 분석

학생들에게 쉬는 시간을 약간 주면 거의 십중팔구는 스마트폰을 꺼내 들고 뭔가를 확인하거나, 보기 시작한다. 쉬는 시간이 곧 스마트폰을 만지는 시간이라고 보면 된다. 심심하다며 끊임없이 스마트폰을 만지작거린다. 친구들과 마주 앉은 자리에서도 직접 이야기하기보다는 스마트폰으로 소통을 한다. 도대체 왜 만나는지는 알 수 없으나,

항상 여러 가지를 한꺼번에 하고 있는 것만은 분명하다. 현대인들은 운전하면서 전화통화를 하고, 공부하면서 음악을 듣고, 친구와 마주하면서도 폰으로 무언가를 검색하고, 회사에서 일하면서 문자를 보내는 등 여러 가지를 한번에 하고 있다.

미네소타 대학의 소피 리 로이(Sophie Le Roy) 교수는 《왜 내 일을 하기가 너무나 어려울까》에서 '주의 잔류물(attention residue)'이라는 개념을 제시했다. A라는 일을 하다가 B라는 일을 할 때, A에 대한 생각이 B의 생산성을 떨어뜨리는 것을 '주의 잔류물'이라고 한다.

주의 잔류물에 대한 예를 들자면, 공부하는 중에 문자가 오면, 눈은 문자를 보고 있지만 조금 전에 하던 공부의 내용이 머릿속에 남아 있게 된다. 이와 마찬가지로 문자를 본 후 다시 공부를 시작하면 문자의 내용이 뇌 속에 남아 있어 공부를 방해한다.

주의 잔류물의 폐해는 생각보다 심각하다. 공부나 일하는 도중에 SNS나 문자를 통해 인스턴트 메시지 알림이 울리면 집중력이 깨진다. SNS의 알림은 너무나 자주, 예측할 수 없게 울린다. 공부하다가 문자가 와서 집중력이 깨지면 다시 집중해서 공부하는 데 8분이 걸린다고 한다. 잠깐만 SNS를 훑어보고 공부한다고 해도, 그 내용은 머릿속에 남아서 교과서의 내용이 바로 들어오지 않는다. 그것이 바로 '주의 잔류물'이다. 공부하면서 스마트폰과 컴퓨터를 보는 건 분주함만 낳는다.

신경과학자 마이클 머츠니히(Michael Mutsnich)는 인터넷과 스마트폰은 우리의 두뇌에 악영향을 준다고 주장했다. 인터넷 과다 사용으로 인한 주의력 분산과 사고의 단절이 인간의 지적 활동에 장기적으로 치명적인 악영향을 준다고 한다.

머리와 몸이 분주하면 무언가 열심히 했다고 생각할 수 있다. 하지만 이것은 그저 분주했을 뿐, 집중해서 공부한 것이 아니다. 스마트폰은 학습을 쉴 새 없이 방해한다. 경진이는 공부하는 것 비해 성적이 안 나온 게 아니라, 공부하지 않았기 때문에 성적이 나오지 않았던 것이다.

멀티태스킹은 없다

여러 가지를 한번에 하는 것을 '멀티태스킹'이라 한다. 우리말로는 '다중작업'이다.

멀티태스킹은 원래 컴퓨터 용어로, 하나의 CPU로 두 가지 이상의 일을 한번에 처리하는 것을 말한다. 인간이 정말 컴퓨터처럼 하나의 일을 한꺼번에 처리할 수 있을까? 경진이는 사실 멀티태스킹을 하는 것처럼 보이지만, 사실은 전혀 그렇지 않다.

멀티태스킹에 능하다고 생각하는 사람은 자신이 아주 효율적으로 살고 있다고 착각하기도 한다. 하지만 사람의 뇌로 멀티태스킹은 불가능하다. 그저 하나의 일을 하며, 남은 하나의 일은 쉬는 것 뿐이다.

더 자세히 말하자면, 경진이는 멀티태스킹보다 '스위치 태스킹

(switch tasking)'을 하고 있다고 보는 것이 옳다. 스위치 태스킹은 여러 가지 일을 짧게 짧게 번갈아 가며 처리하는 방식을 말한다. 그러나 스위치 태스킹에는 아주 비싼 대가가 따른다. 그 대가를 경제학에서는 '스위칭 비용(switching cost)'이라고 한다. 스위칭 비용이란 어떤 제품을 경쟁사의 다른 제품으로 거래처를 바꿀 때 발생하는 비용을 말한다. 예를 들어, 국내 업체에서 납품 받던 제품을 단가가 상대적으로 싼 중국의 한 공장에서 받기로 했을 때 새롭게 드는 비용을 말한다. 스위칭을 잘못하면 엄청난 스위칭 비용이 발생해 손해를 볼 수도 있다.

같은 방법으로 경진이의 공부 방법을 분석해 보자. 경진이의 경우에는 공부를 하다가 다른 일에 집중하는 순간 스위치 비용이 발생한다. 경진이는 음악을 들으면서 때로는 문자도 확인한다. 공부하는 것처럼 보이지만 사실은 음악을 들을 땐 공부를 멈춘 것이고, 스마트폰으로 문자를 확인할 땐 음악과 공부를 멈춘 것과 다름없다. 책상에 있는 내내 여러 가지 행동을 짧게 반복했을 뿐이다.

멀티태스킹을 버려야 집중할 수 있다

1950년대, 맨체스터 대학교 교수였던 인지과학자 콜린 체리(Colin cherry)는 멀티태스킹에 대한 흥미로운 실험을 했다. 일명 '칵테일파티 실험'이다. 영화에서 보면, 칵테일파티에 참여하는 사람들은 우아한

옷을 입고 칵테일 잔을 들고는 앞사람과 이야기하지만, 정작 귀는 옆 사람의 이야기를 엿듣고 있다. 이에 착안해 참가자들에게 헤드폰을 주고 오른쪽 귀와 왼쪽 귀에 각각 다른 정보를 듣게 했다. 왼쪽과 오른쪽 귀로 들은 것을 얼마나 기억할 수 있는지를 알아보고자 한 것이다. 그 결과 실험 결과 참가자 중 누구도 정보를 제대로 기억하는 사람이 없었고, 심할 때는 목소리가 남자였는지, 여자였는지도 구별하지 못했다. 체리 교수는 멀티태스킹은 환상이고, 인간은 집중력을 분산해서 쓸 수 없다는 결론을 내렸다.

여러분도 멀티태스킹 실험을 아주 쉽게 할 수 있다.

좋아하는 음악을 틀어놓고 1~100까지 숫자를 세고 시간을 잰다. 그리고 음악을 끄고 다시 1~100까지 세는 시간을 재기만 하면 된다. 보통 음악을 틀어 놓았을 때가 더 늦다.

성공의 필수 요소인 집중력이란 뭔가에 자신의 주의력을 온전히 쏟아 붓는 것을 말한다. 집중하면 업무 효율이 향상되고, 짧은 시간 안에 많은 것을 해낼 수 있다. 또한, 집중력의 가장 큰 장점은 집중해서 뭔가를 하면 외부 요인이 차단되면서 스트레스가 줄어든다는 것이다. 반면에 멀티태스킹을 하면 정신은 방황하고, 생각은 정처 없이 떠돈다. 그리고 일하는 속도가 느려지고, 실수가 거듭된다. 멀티태스킹을 하는 사람의 생산성은 40%까지 떨어진다는 의견도 있다. 또한, 스트레스가 높아지고, 사람들 간의 관계가 안 좋아지며 창의적 사고를 할 수 없게 된다. 다시 말하자면, 인간의 뇌는 원래 멀티태스킹을 할 수 없다. 단지 여러 일을 번갈아 할 뿐이다.

만약 누군가가 멀티태스킹을 하며 중요한 것을 준비하고 있다면 결과는 안 봐도 뻔하다.

멀티태스킹 처방

멀티태스킹이 컴퓨터 용어이기는 하지만 사실은 컴퓨터도 멀티태스킹을 할 수 없다. 하나의 CPU에서 프로그램의 전환이 아주 빠른 속도로 일어나기 때문에 마치 여러 가지 작업을 한 번에 수행하는 것처럼 보일 뿐이다. 인간의 뇌 또한 컴퓨터와 비슷하다. 화면에 창을 여러 개 띄워 놓을 수는 있지만 한번에 하나밖에 볼 수 없다. 공부든 음악이든 한 번에 한가지에만 온전한 관심과 시간을 투자하지 않고 이런저런 일들을 병행하는 것은 값으로 매길 수 없는 인생이라는 스위칭 비용이 발생시킨다.

많은 학생이 명문대에 진학한 학생을 부러워한다. 명문대에 진학한 학생들은 멀티태스킹을 하지 않고 '집중력 + 바른 공부법 + 노력 + 인내'라는 고도의 비용을 지불한 것이다.

제대로 된 공부법을 얻기 위해서는 잘못된 공부법을 과감히 버려야 한다. 노력을 얻기 위해서는 게으름을 떨쳐내고, 인내를 얻기 위해서는 성급함을 버려야 한다. 공부에서 제일 중요한 집중력을 얻기 위해서는 스마트폰의 산만함을 포기해야 한다.

"경진아, 너는 공부와 음악 두 가지를 놓고 이쪽저쪽으로 스위치를 누르는 멀티태스킹을 하고 있는 거란다. 네가 공부하는 것에 비교해 성적이 나오지 않은 게 아니라, 공부를 제대로 못했기 때문에 성적이 안 나온 거야."

그리고 오랜 설득 후 경진이의 스마트폰을 2G폰으로 바꾸게 할 수 있었다. 그리고 놀랄 만큼 성적이 올라갔다. 당신의 자녀를 좋은 대학에 보내고 싶다면 스마트폰부터 없애라.

CHAPTER 07

칭찬에 춤추지 못하는 지연이

> 신이 파괴하고 싶다고 생각하는 사람이 있을 때
> 신은 그에게 유망한 인재라고 말한다.
>
> 시릴 코널리(Cyril Connolly)

지연이 스토리

길을 걷다 보면 부모가 자녀를 칭찬하는 모습을 무수히 볼 수 있다.

"우리 아기 너무 똑똑하구나!"

"와~ 너 천재 아니니?"

"그런 말을 어떻게 생각해 낸 거니?"

얼마 전 식당에서 초등학생 남매로 보이는 두 아이가 스마트폰으로 열심히 게임을 하고 있는 것을 본 적이 있다. 그 모습을 지켜보던 아빠가 아이들에게 "와~ 대박! 이건 나도 못 깬 점수인데 네가 해냈구나!"라며 칭찬을 하고 있었다. 그러고 보니 우리는 정말 칭찬을 많이 하는 것 같다.

지연이도 유치원 때부터 부모와 조부모에게 그렇게 칭찬을 받아왔다. 지연이는 다른 아이들에 비해 눈에 띄게 똑똑했다. 또래의 다른 아이들보다 한글 떼는 속도도 1~2년이 빨랐고, 초등학교 입학 전에 구구단을 외웠다. 초등학교 선생님인 지연이 엄마는 자신의 반 아이들보다도 지연이의 지적 수준이 높다고 생각했다. 온 가족이 지연에게 '똑똑하다'라는 말을 달고 살았다.

지연이는 초등학교 5학년 때부터 대학교 영재교육원에 다녔다. 집에서 제법 먼 거리였지만 지연이 엄마는 2주에 한 번씩 기꺼이 지연이의 기사 노릇을 했다.

그러나 중학교에 입학한 지연이에게 이상한 문제가 나타났다. 공부는 여전히 잘했지만, 자신이 좋아하는 과목만 잘하고 열심히 했다. 특히 국어나 사회 과목은 전혀 관심이 없었다. 중학교 2학년 때 사회 공부를 전혀 공부하지 않아 내신 점수가 형편없이 나온 적도 있었다. 하지만 수학, 과학 점수가 워낙 높아 지연이의 부모는 그리 신경 쓰지 않았다.

지연이 엄마는 지연이가 중학교 2학년 여름방학 때, 내가 분원장으로 근무하던 학원에 학습 상담과 IQ 검사를 하러 왔다. 사실 나는 IQ 검사를 별로 신뢰하지 않는다. 오랫동안 학생을 가르치고, 상담한 결과 IQ 검사와 공부가 별개라는 걸 알았기 때문이다. 그러나 지연이의 엄마는 지연이의 정확한 IQ를 알고 싶어했고, 나는 2시간 가량 '웩슬러 아동지능 검사'를 진행했다. 보통 IQ 검사를 하다 보면 1단계만 해도 '대략 지능지수가 얼마가 나올 것이다'라고 예측할 수 있는데, 지연이의 경우에는 정말 놀랐다. 여태 검사한 아이 중에 이렇게 빠르고, 정확한 아이는 본 적이 없었다. 결과를 보니, 예상대로 백분위 99.4%로 지능이 전국 상위 1% 이내였다.

나는 지연이를 상담실 밖에서 기다리게 하고 지연이 엄마에게 언어 이해력이 다른 영역보다 조금 뒤떨어질 뿐 지각 추론, 작업 기억, 처리 속도는 아주 높았다는 걸 설명해 주었다. 지연이 엄마는 뛸 듯이 기뻐했다. 똑똑하다는 건 알고 있었지만 이렇게 머리가 좋은지는 몰랐다고 눈물까지 글썽였다. 초등학교 때부터 영재원에 다니고, 중학교 1학년 때부터 과학 고등학교 준비를 했는데 이렇게 기뻐하는 이유가 뭐냐고 물으니, 지연이 엄마는 이렇게 이야기했다.

"아이가 똑똑한 건 알겠는데, 가끔 헷갈릴 때가 있었어요. 어떨 땐 정말 똑똑한 것 같다가 어떨 땐 아닌 것 같기도 하고… 그래서 선생님을 찾아온 거예요."

"어떤 점이 아닌 것 같다는 말씀이지요?"

"지연이는 자기가 잘할 수 있는 공부만 해요. 영어나 사회는 전혀 관심이 없어요."

나는 지연이를 상담한 다음 날부터 과학 고등학교 입학 때까지 영어를 가르쳤다. 정말 학습 능력이 뛰어난 아이였다. 하나를 가르치면 열을 아는 아이였다. 정말 가르치는 대로 수업 내용을 쪽쪽 흡수해버리는 스펀지 같았다.

그러나 지연이를 2년간 가르치면서 '지연이는 원하는 대학에 가긴 힘들겠다'는 것을 확신했다. 왜냐하면 지연이는 칭찬에 중독되어 있었기 때문이다. 칭찬 없이는 움직이지 않았고, 끈기와 노력이 필요한 공부는 시도조차 하지 않았다. 전형적인 과잉 칭찬의 부작용이다.

흔히들 '칭찬은 고래도 춤추게 한다'고 말한다. 칭찬이 고래는 춤추게 할 수 있을지도 모른다. 하지만 인간은 고래가 아니다.

칭찬이라는 미신

자녀에 대한 칭찬 열풍은, 1946년 미국의 소아청소년과 의사인 벤저민 스포크(Benjamin Spock)의 《유아와 육아의 상식》이 출간되면서 시작되어, 1970년경부터 본격화되었다. 당시 미국 학교, 특히 공립 학교 선생님들은 아이들이 숙제를 엉망으로 해도 'good', 'good job', 'excellent'를 남발했고, 시험을 망쳐 유급될 위기에 있는 아이에게도 엄지손가락을 번쩍 쳐들며 'good'라고 외쳤다. 그야말로 무차별적으로 칭찬이 이뤄지던 시기였다. 하지만 칭찬 열풍은 그리 오래가지 못했다. 과잉 칭찬의 부작용이 나타났기 때문이다.

과잉 칭찬을 받고 자란 아이들, 즉 '칭찬 키즈'로 불리는 이들은 20대가 되자 칭찬을 받지 못하면 심하게 의기소침해하고, 누군가 자신의 행동을 모니터링해주지 않으면 불안에 떨었다. 이들은 일을 잘하든 못하든 쉼 없이 칭찬을 바랐고, 칭찬이라는 에너지가 떨어지면 수행 능력이 떨어졌다. 그 뒤, 칭찬에 대한 부작용을 깨달은 미국은 많은 의학, 심리학, 교육학 연구를 통해 이를 바로 잡았다.

그러나 미국에서 칭찬 열풍이 가라앉을 무렵인, 2000년대 초반에 우리나라에서는 반대로 칭찬 바람이 불기 시작했다.

사실 우리는 예부터 칭찬에 인색하기로 유명한 나라다. 그러나 엄격한 가정교육을 받고 자란 당시의 부모들은 미국의 '칭찬 교육'을 보고 감동하고 열광했다. 어렸을 때 조금만 잘못해도 부모님에게 회초리를 맞고, 반에서 1등을 한 성적표를 보여도 무덤덤하게 "음, 잘했군. 하지만 겸손해라"라고 말하는 부모를 보며, 아무리 잘해도 칭찬받지 못했던 서러운 기억이 떠오른 것이다.

이들은 미국식 칭찬 교육을 보고 '그래 바로 저거야, 내 자식은 칭찬으로 가득 찬 삶을 살게 하겠어'라며 무차별적으로 자녀를 칭찬하기 시작했다. 당시의 칭찬 기류에 편승해 칭찬에 관한 책도 서점에 엄청나게 쏟아져 나오기 시작했다.

그리고 2000년대 중·후반부터 우리나라도 미국과 똑같이 칭찬의 부작용으로 수많은 아이에게 학습적 문제가 발생했다. 내 기록으로는 2005~2009년까지 집중적으로 발생한 것으로 보인다. 학습 태도가 좋지 않아서 지적하면 몹시 의기소침해지고, 자신이 좋아하는 과목 말고는 공부하려 하지 않았던 것이다.

지연이 또한, 왜 사회 공부를 하지 않느냐고 물으면 "사회는 저랑 안 맞는 것 같아요"라고만 대답했다.

예전에도 이런 일이 많았다. 영어를 가르치며 민주라는 학생에게 "너 왜 단어를 외우지 않니?"라고 질문하자, 민주는 내 눈을 똑바로 바라보며 "단어 외우는 건 저랑 안 맞는 거 같아요"라고 했다. 민주의 태도가 너무 어이가 없어서 민주 엄마와 상담을 했는데, 엄마 또한 "우리 민주는 똑똑해서 의지만 있으면 잘 외울 수 있는데, 단어 외우기는 힘들어해요. 단어를 외우게 하지 말고 그냥 영어만 가르쳐 주세요"라고 말했다.

당시 이런 아이와 부모가 한두 명이 아니었으며, 지연이 또한 이 시기에 들어온 아이 중 한 명이었다.

머리가 좋다는 칭찬은 약일까, 독일까

머리는 좋은데 공부를 못하는 아이들이 있다. IQ 검사를 하고 몇 년간 그 아이들을 가르쳐 보면, 정말 신기하게도 표준편차 100에서 벗어날수록 공부를 못한다. 반대로 IQ 100 정도의 아이들이 가장 공부를 잘한다. IQ가 너무 낮아도 공부를 못하고, 너무 높아도 공부를 못하는 것이다. 가끔 전문직에 종사하는 사람 중에 자신의 IQ가 140~150 넘는다고 하는 사람들이 있는데, 실제로 측정해보면 100~110 사이가 대부분이다.

17년간 가르친 아이 중에 가장 머리가 좋은 희진이라는 아이가 있었다. 위에서 말한 지연이보다 IQ가 높았다. 중학교 3학년 때부터 2년간 가르친 아이인데 지방의 간호전문대를 갔다. 하버드 의과대학원을 가고도 남을 지능으로 전문대를 간 것이다. 실제 교육 현장에서 흔히 볼 수 있는 사례이다. 어느 노벨상 수상자는 "내가 만일 초등학교 때 나의 IQ를 알았더라면 과학자가 되길 포기했을 것이다"라고 했다. 즉 IQ와 공부는 별개이고, 지능을 칭찬받은 아이는 공부를 못한다.

스탠퍼드 대학교 심리학자 안젤라 덕워스(Angela Duckworth)와 마틴 셀리그먼(Martin Seligman)박사는 IQ와 학업 성적 간의 상관계수는 .32이고, 자제력(만족 지연 능력)과 학업 성적 간의 상관계수는 .67로 IQ의 두 배가 넘는다고 발표했다. 다시 말하면 공부는 IQ보다, 참고 끝까지 해내는 힘이 두 배는 중요하다는 말이다.

칭찬의 함정

발달심리학자 클라우디아 뮐러(Claudia Mueller)와 스탠퍼드 대학교

심리학과 교수인 캐럴 드웩(Carol Dweck)은 아주 흥미로운 실험을 했다. 뉴욕의 초등학교 5학년 학생 400명을 대상으로, IQ 검사 중의 하나인 '누진 행렬 검사 과제'를 풀게 한 뒤, 한 그룹에는 "너 정말 똑똑하구나"라고 칭찬하고, 한 그룹에는 "정말 열심히 노력했구나"라고 격려했다. 그런 다음 그 두 그룹의 아이들에게 '풀기 쉬운 문제 VS 도전이 될 만한 어려운 문제'를 선택해 두 번째 시험을 치르게 했다. 그 결과 똑똑하다고 칭찬받은 아이들의 66%는 자신이 똑똑하다는 것을 보여주려고 쉬운 문제를 선택했으나, 노력에 대한 격려를 받은 아이들 중 90%는 더 많이 배울 수 있는 어려운 문제를 선택했다.

그리고 아이들에게 마지막으로 한 번 더 시험을 보게 했다. 처음 본 시험 정도의 난이도였는데, 똑똑하다고 칭찬받은 아이들의 점수는 20% 하락한 반면, 노력에 대한 격려를 받은 아이들은 30% 향상되었다.

위 실험을 요약하면, 지능에 대한 칭찬을 받은 아이들은 칭찬을 위협할 수 있는 어려운 문제에는 도전하지 않지만, 노력에 대한 격려를 받은 아이들은 자신의 한계를 넘어설 수 있는 문제에 도전함으로써 성적이 향상된다는 것이다. 즉, 잘못된 칭찬은 아이들에게서 도전 에너지를 몽땅 빼어버리는 것과 같다.

머리가 좋다는 칭찬을 받는 아이는, 공부가 새로운 것을 배우는 하나의 수행과제가 아니라 내가 얼마나 머리가 좋은지, 나쁜지를 평가하는 하나의 잣대라고 생각한다. 그래서 새롭고, 어려운 과제에 도

전했다가 실패할 바에는 쉽고 간단하게 성공할 수 있는 과제에 집중하게 된다.

그리고 이들은 '공부는 마음만 먹으면 언제든 잘할 수 있으니, 나중에 하지 뭐'라고 생각한다. 왜냐하면 성적을 노력의 결과물이 아니라 지능의 결과물로 생각하기 때문이다. 그리고 노력했는데도 성적이 나오지 않으면 자존감에 상처받기도 쉽다.

3세에 그리스어를 배우고, 8세 무렵에는 헤로도토스와 플라톤의 책을 읽고 12세에는 라틴어와 대수학을 배운 이가 있었다. 그는 대학 교수가 되었고, 하원의원으로 선출되어 활동하기도 했다. 바로 19세기 대표 천재 존 스튜어트 밀(John Stuart Mill)이다. 영국의 경제학자이면서 철학자이고, 벤담의 공리주의와 구분되는 질적 공리주의 사상을 발전시켜 정치사상에도 크게 기여한 정치가이기도 하다. 이렇게 어릴 때부터 천재성을 보인 존의 아버지는 어떻게 교육했을까?

과연 존의 천재성을 칭찬하며 키웠을까? 아마 존의 어린 시절 천재적인 학습 능력을 칭찬하자면 하루 24시간으로도 부족했을 것이다. 하지만 존의 아버지는 그러지 않았다. 칭찬 대신에 존과 숲이 우거진 오솔길을 걸으며 어제 무슨 책을 읽었는지 이야기하게 했다. 어린 존이 하는 얘기를 끝까지 들어주고, 관심만 주었을 뿐이다. 존이 집을 떠나기 하루 전 존의 아버지는 존에게 이렇게 말했다.

"네가 여기를 떠나 새로운 곳에서 새로운 사람들을 만나면, 네 또

래보다 많은 것을 배웠다는 것을 알게 될 것이다. 그리고 많은 사람이 너의 지식을 칭찬할 것이다. 하지만 명심할 것이 있다. 네가 남보다 많은 걸 알고 있는 것은 너의 공로 때문이 아니라, 너를 가르치고 거기에 필요한 노력과 시간을 아끼지 않은 사람들 덕분이다. 너와 같은 행운을 갖지 못한 이들보다 조금 더 알고 있다고 칭찬받을 일이 못되며 반대로 칭찬받은들 너에게는 큰 치욕이 될 것이다."

존의 아버지는 쓸데없는 칭찬은 헛된 자만심을 키우고, 뭐든 쉽게 포기해 버린다는 것을 잘 알고 있었던 것이다. 만약 존의 아버지가 존의 천재성을 칭찬하고, 주변에 자랑하고 다녔으면 어떻게 되었을까? 아마 이 세상에 위대한 철학자이자 정치가는 존재하지 못했을 것이다.

한국교육개발원 보고서에 따르면 1980년대 전후로 태어난 영재 81명의 추적 결과, 50% 이상은 평범하고 상식적인 기대 수준에 미치지 않았으며, 12.4%는 고교 졸업 후 취업 및 대입 재수생이었다고 한다.

이렇게 조사하지 않더라도, 영재의 몰락을 우리 주변에서 쉽게 찾아볼 수 있다. 예전, TV나 신문을 떠들썩하게 했던 영재들이 세월이 지나고 어떻게 됐는지 보지 않았던가? 영재가 천재성을 발휘하지 못하고 보통사람으로 사는 건 부모의 탓이 크다고 볼 수 있다.

평생 42.195km를 달려야 하는 아이에게, 10m 빨리 뛴다고 칭찬을 남발하는 부모가 많다. 아이가 조금이라도 천재성이 보이면 주변에 자랑을 한다. 아이도 이러한 사실을 잘 안다. 그러나 아이는 영재가 남들보다 노력하지 않아도 높은 성과를 보이는 사람으로 착각할 수 있다. 그래서 일정 시기가 지나면 불안해 한다. 노력해서도 성적이 나오지 않으면 영재가 아닌 것이 되어버리고, 비난 받을 거라 생각하기 때문이다.

"거봐, 내가 그럴 줄 알았어, ○○이는 생각만큼 똑똑한 아이가 아니야."

이런 말을 들을까봐 아예 노력은 고사하고 시도조차 하지 않게 되는 것이다.

아직도 자녀에게 "너 정말 똑똑하구나", "이런 것도 쉽게 이해하다니, 정말 장하다. 내 새끼", "머리가 너무 좋은 것 같아. 천재 아냐?"라는 잘못된 칭찬을 남발하고 있지는 않은지 생각해 볼 일이다.

과잉 칭찬 처방

만 2세만 되어도 아이는 진짜 칭찬과 가짜 칭찬을 구별할 수 있다. 아이는 자기가 한 일이 진심으로 칭찬받을 일인지 아닌지 구별할 수 있다는 말이다. 과장된 칭찬을 받은 아이는 "그리 똑똑한 아이가 아닌데 자꾸 똑똑하다고 하니까 뭔가 믿음이 안 가고 더는 노력하고 싶지도 않다"라고 생각할 수 있다. 아이들도 칭찬 속에 숨은 부모의 의도를 다 알고 있다.

입에 발리고 뻔한 "정말 똑똑해"와 같은 아부성 칭찬이 아니라, 자녀가 한 행동이 진정으로 칭찬받을 가치가 있는 행동이고 그에 대한 부모의 진심 어린 칭찬이 주어졌을 때 아이들은 자부심을 느끼고, 더 노력할 수 있는 에너지를 얻게 된다. 자녀의 양육에는 항상 칭찬과 꾸중의 적절한 균형이 필요하다.

노력하면 더 발전할 수 있다는 가치를 가르치고, 끝까지 노력하는 과정을 칭찬하자.

머리가 좋은 것을 칭찬하면, 아이는 자신의 똑똑함을 증명하기 위해 쉬운 문제만 선택한다. 어렵고 힘든 일에는 도전하지 않고, 실패에서 배우려 하지 않게 된다. 똑똑하다고 칭찬받은 순간부터 자신은 완벽해야 한다는 강박관념을 가지게 되어 부정행위를 해서라도 칭찬을 받고 싶어 하고, 선생님의 가르침을 지적으로 받아들여 자존감에 상처를 입기도 한다. 부모가 아이의 지능을 칭찬하는 것은 '아이가 노력하지도 않았는데 내 유전자를 이어받아 이렇게 머리가 좋잖아'라는 일종의 자기과시이고, 칭찬으로 자녀를 조종하려는 사람이다.

반대로 자녀에게 노력과 끝까지 해내는 힘을 칭찬하면, 공부란 보상을 받기 위함이 아니라 그저 뭔가를 배우고, 즐거움을 느껴 발전하기 위함이라는 걸 깨닫게 해준다. 칭찬해야 한다는 강박에서 벗어나 그냥 아이들을 지켜봐 주면 된다. 자녀를 평가하고 조종하려 하지 말고, 있는 그대로 관심가져 주면 된다.

만약에 아이가 만화로 된 생명과학 책을 보고 있으면 자녀의 책을 보는 행위나, 읽고 있는 책에 관심을 두자. 그리고 자녀가 책을 다 읽으면 무관심한 듯 한마디 툭 던지며 "어제는 '글로벌 매너' 읽더니 오늘은 '생명과학'이네. 이 책은 한 달 전에도 읽지 않았니?"라고 물으면 엄마가 한 달 전에 자신이 읽은 책을 기억하고 있다는 사실에 일단 놀라고, 감동받는다.

"이 책에는 유전자와 복제에 대해 나오네. 넌 유전자 복제를 어떻게 생각하니?"

이렇게 열린 질문을 하자. 아이가 별 반응하지 않을 수도 있다. 그러면 조급하게 생각하지 말고 다음 날, 또 그 다음 날을 기다려라. 그러다 보면 분명 마음이 열리고, 말문도 열린다. 아이는 엄마가 '나를 조종하기 위해 칭찬하는 게 아니라 나에게 관심을 보이는 것이다'라는 걸 시간이 지나면서 자연스레 알게 되고 배움의 즐거움에 흠뻑 빠지게 된다. 칭찬을 받으려 공부하는 게 아니라, 재미있어서 공부하게 된다.

아이에게 끝까지 해내는 힘을 칭찬하면, 아이는 절대 한번 시작한 일을 포기하지 않고 몰두한다. 한 번 넘어져도 다시 일어나고, 실패해도 좌절하지 않고 또 도전한다. 노력과 끝까지 해내는 힘을 칭찬받은 아이에게 어려운 수학 문제를 주었을 때 주먹을 불끈 쥐고 "앗싸! 도

전"이라고 외치고 문제에 몰입하는 것을 본 적도 있다.

자녀에게 관심도 두지 않고 건성으로 똑똑하다고 칭찬하는 대신에, 자녀의 행동을 잘 관찰한 다음 바른 행동을 하는 순간을 포착해서 구체적으로 그 행동을 칭찬하자. 그러면 당신의 자녀는 바른 행동을 반복하는 '긍정적 강화' 현상이 일어난다. '강화 학습의 원리'라고 한다.

CHAPTER 08

눈으로만 공부하는 민규

百讀百習. 백번 읽고 백 번 쓴다.

세종대왕

민규 스토리

고등학교 1학년 민규는 지방 비평준화 지역에서 상위권 고등학교에 다니고 있다. 중학교 때까지는 그럭저럭 공부하는 편이어서 별걱정을 하지 않았는데 고등학교에 올라와서 모든 과목 성적이 눈에 띄게 떨어졌다. 중학교 때에는 278/300 정도였는데, 고등학교에 와서는 반에서 21/32을 하고 있다.

민규는 고등학교 1학년 중간고사를 마치고 엄마와 함께 학원에 찾아 왔다. 간단한 테스트를 마치고 상담을 시작했다.

"왜 성적이 나오지 않는 것 같니?"라고 물었지만 민규는 바닥만 쳐다봤고, 민규 엄마가 계속 대신 대답을 했다. 그래서 엄마를 상담실 밖에서 기다리게 한 후 다시 물었다.

"왜 성적이 안 나오는 것 같니?"

"반에 공부 잘하는 애들이 너무 많아요."

"너는 하루에 몇 시간 자니?"

"고등학교 들어와서 5시간 이상 자본 적이 없는 것 같아요."

"민규 너의 일과 좀 말해줄 수 있니?"

"6시 30분에 일어나 아침을 먹고, 셔틀버스 타고 학교에 7시 30분에 도착해서 수업듣고, 공부하다가 2부 야간 자율학습까지 마치면 9시 50분이에요. 그리고 집에 돌아와 밀린 공부 조금 하고 스마트폰 조금 보다가 1시 30분에서 2시쯤에 잠들어요."

"그러면 수업하는 것까지 포함하면 하루에 최소 14시간 이상을 공부하는 것 같은데 성적이 나오지 않는 이유를 선생님도 모르겠구나."

이렇게 이야기하고 일단 상담을 마쳤다.

원래 수업을 시작하기 전에 간단히 상담하고, 한 달간 수업을 진행한 뒤 다시 부모와 학생 상담을 하게 된다. 특히 민규처럼 학습이 부진할 경우에는 숙제도 내지 않고 그저 지켜본다. 수업을 시작한지

한 달이 다 되었을 때 다시 민규 엄마와 상담을 시작했다.

"민규가 게임에 빠진 것도 아니고, 반항 장애가 있는 것도 아니고, 컴퓨터 중독도 없는데 왜 공부를 못할까요?"

"글쎄요."

"민규만 보면 답답해 미칠 지경이에요. 일부러 학교 근처로 이사까지 왔는데, 왜 저렇게 공부를 못하는지, 정말."

민규 엄마는 한숨을 내쉬었고, 그 말을 들은 민규는 또 땅바닥만 쳐다보고 있었다. 그래서 민규에게 질문했다.

"민규야, 함께 수업을 듣는 아이와 너의 차이가 뭐라고 생각하니?"

"다른 아이들은 1~2등급 나오고, 저는 5등급 나오는 거요."

그 말은 들은 민규 엄마는 또 도끼눈을 뜨고 이를 악물며 말했다.

"너 4등급이 아니었어?"

결국 이번에도 민규의 엄마를 상담실 밖에 기다리게 한 후, 상담을 이어 나갔다.

"너랑 중학교 때 성적이 비슷했던 아이들인데 왜 너는 그 애들 보다 성적이 떨어질까?"

민규는 2~3분 동안 한마디도 하지 않았다. 그래서 왜 성적이 나오지 않는지 말해주었다.

"네가 공부를 못하는 이유는 바로 쓰지 않기 때문이야!"

민규의 행동 분석

무작정 공부해서는 공부를 잘할 수 없다. 공부는 종합적으로 뇌를 사용해야 하는 과학이다. 공부를 잘하려면 뇌의 특성을 최대한 이용해야 한다. 이것이 바로 '뇌 과학 공부법'이다.

민규를 가르치는 한 달간 민규가 제대로 필기하는 걸 본 적이 없다. 같은 과목인데 노트도 항상 바뀌었다. 한 번은 체육 학원에서 나눠준 학원 홍보 노트에다가 필기하더니, 다음 날은 미술 학원 홍보 노트에 필기를 했다. 그리고 다음 날은 또 다른 노트에. 그것도 그냥 자신이 중요하다고 생각하는 것만 간단히 필기를 하고 있었다. 그러고는 앞만 멍하게 쳐다봤다. 민규는 필기하는 척만 한 것이다. 그래서 물어봤다.

"왜 과목별 노트가 없는거니?"

"다 아는 내용인데 힘들게 쓸 필요가 없다고 생각해서요."

한 달간 관찰한 바로는 영어뿐만 아니라 전 과목 필기를 제대로 하지 않고 있는 게 분명했다. 현장에서 학생들을 지도하다 보면 학습 부진아 중 가장 많은 유형이 바로 '쓰지 않는 아이들'이다.

'가깝지만 시간이 오래 걸리는 길'과 '멀지만 시간이 짧게 걸리는 길'

서기 1세기경 인물인 '조슈아 벤 하나니아(Joshua ben Hananiah)'라는 랍비가 도시를 향해 걷고 있었다. 갈림길인 십자로 부근에 앉아 있는 한 소년을 보고 물었다.

"도시로 가려면 어느 길로 가야 하지?"

"이 길은 가깝지만 시간이 오래 걸리고, 저 길은 멀지만 시간이 짧게 걸립니다."

랍비는 소년이 가깝다고 말한 길을 선택했다. 하지만 도시 가까이 도달했을 때 정원과 과수원으로 길이 막혀 있었다. 그래서 소년이 있던 십자로로 돌아와야 했고, 다시 소년에게 물었다.

"얘야, 내게 이 길이 가깝다고 말하지 않았느냐?"

"제가 '시간이 오래 걸린다'고도 말하지 않았습니까?"

목적지까지의 거리는 짧지만 갈 수 없는 길이 있는 반면에 돌아서 가는 먼 길처럼 보이지만 실제로는 가장 빠른 길이 있다. 공부도 이와 마찬가지로 지름길처럼 보이지만 목표에 도달할 수 없는 길이 있고, 비효율적으로 보이지만 지름길인 경우가 있다.

손으로 쓰는 공부법이 바로 시간이 오래 걸리고 비효율적으로 보이지만 가장 효과적인 공부법이다.

쓰면서 하는 공부

여러분도 중·고등학교 시절 영어 단어를 손으로 쓰면서 외웠던 기억이 있을 것이다. 어떤 선생님은 쓰면서 단어를 외우라며 '깜지' 숙제를 내주기도 했다. 그러면 손가락이 부서져라 썼다. 나는 선생님이 낸 깜지 숙제를 못해서 볼펜 두 자루를 한 손에 쥐고 쓴 적도 있고, 친구에게 장당 100원을 주고 산 적도 있다.

이런 깜지의 불편한 추억 때문에 여러분 중 일부는 손으로 쓰면서 공부하는 것에 대한 거부감이 있을 수 있다. 아무리 깜지를 쓰며 공부해도 손만 아프지 효과가 없었다고 생각하기 때문이다.

"손은 밖으로 나온 뇌다."

괴테가 한 말이다. 200여 년 전에 살았던 괴테가 어떻게 교육 신경학을 알고 있었는지는 모르지만, 손으로 쓰면서 공부하는 건 인간이 할 수 있는 최상의 공부 방법이다. 외울 내용을 손으로 쓰는 것은 몸을 움직여 정보를 뇌에 각인하는 기억법 중에 하나이다.

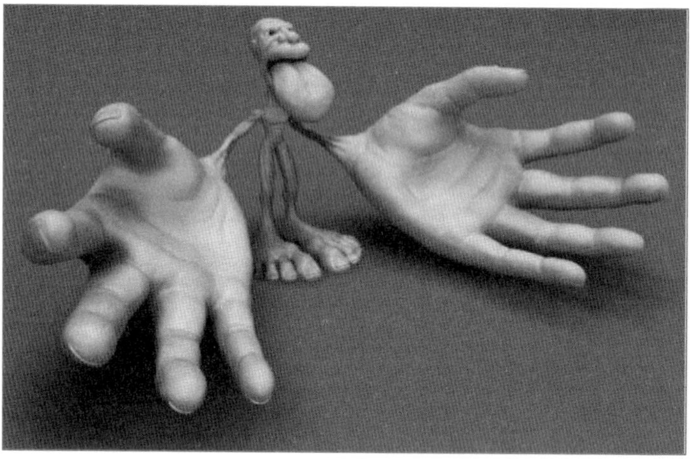

외워야 하는 정보를 눈으로 보고 손으로 쓰면, 손의 말초신경이 활성화되면서 대뇌의 운동 중추에 전해지고, 대뇌 각 부분의 활동량이 증가한다. 즉, 손을 자극하면 대뇌가 활성화한다.

캐나다의 신경외과 의사였던 월더 펜 필드(Wilder Penfield)는 국소마취 상태에서 뇌 수술을 하며 전기봉으로 뇌의 특정 부위에 전기자극을 주어, 신체의 어느 부분이 반응하는지를 관찰했다. 그 결과를 바탕으로 뇌의 지도를 그린 것이 '호문쿨루스(Homunculus)'인데, 이를 보면 손과 혀가 비정상적으로 크고 두꺼우며 목 밑으로는 극단적으로 짧은 2등신의 모습이다. 다시 말하면 뇌는 커다란 2등신인 셈이다. '뇌 난쟁이'라고도 한다.

손과 혀 등 섬세한 움직임을 담당하는 부분의 뇌는 표면이 넓고, 목부터 등, 다리를 담당하는 부분의 뇌는 표면이 좁을 것을 볼 수 있다.

실제로 사람의 손끝은 고양이의 수염과 비슷할 정도로 예민하다. 원하는 정보를 머릿속에 집어넣기 위해 손을 자극하는 방법은 매우 효과적인 방법이라 할 수 있다. 쓰면서 공부를 할 때 효과를 배가시킬 수 있는 방법은 다양한 감각기관을 동시에 사용하는 것이다.

손으로 쓰면서, 눈으로 보고, 귀로 듣고, 입으로 말하며 다양한 감각기관을 사용하면 좋다. 신체의 여러 감각을 사용하고 몸을 움직이며 공부하는 것을 습관처럼 익히면, 하기 싫은 공부도 꾸준히 할 수 있게 된다. 가령 매일 아침에 일어나서 밥을 먹고 양치하고 세수하는 것을 힘들어하는 사람은 거의 찾아보기 힘들다. 습관이기 때문이다. 몸의 온 감각 써서 하는 공부도 습관을 들이면 스트레스를 받지 않고 오래 지속할 수 있다.

읽고 쓰면서 공부하면 전두엽과 브로카, 베르니케 영역이 활성화한다

글을 소리 내서 읽고 손으로 쓴다면 우리의 뇌는 어떻게 작용할까?

먼저 눈으로 보기만 할 때는, 눈으로 본 것의 정체를 알아내기 위한 부위인 '후두엽'이 주로 움직인다. 그 외에 뇌의 CEO인 '전두엽'과 말의 의미를 이해하는 '베르니케 영역'도 일부 활성화한다. 말 그대로 '일부만' 활성화한다.

하지만 눈으로 본 것을 소리 내서 읽고 손으로 쓰면, 우선 눈으로 본 것이 무엇인지 알아내는 후두엽이 활성화하고, 손의 운동에 명령을 내리는 전두엽에 정보가 전달된다. 그러면 전두엽이 활성화하고, 말의 의미를 이해하는 장소인 좌측두엽은 더욱 활성화한다.

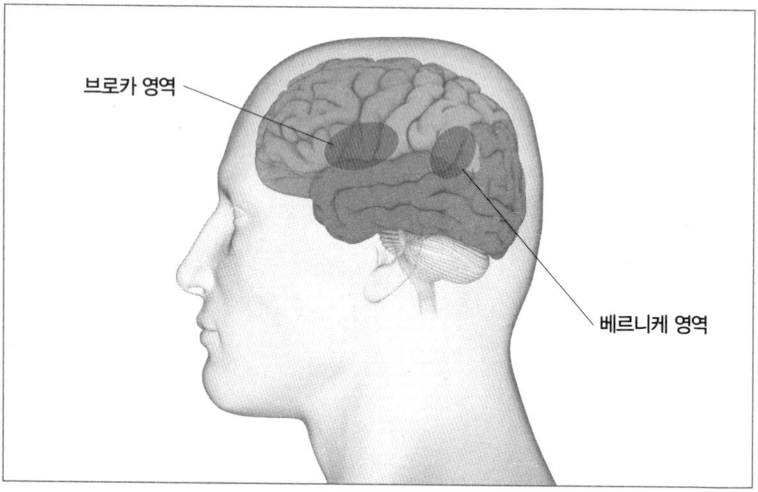

좌측두엽에는 두 개의 언어 중추가 있는데, 하나는 '베르니케 중추(듣기)'로 귀로 들은 언어를 이해하는 역할을 담당한다. 그리고 또 하나는 '브로카 중추(말하기)'로 말을 하는 데 관계가 있다. 쓰고 말하면 이 두 가지 영역이 다 활성화한다.

우리는 일상적인 말을 할 때는 특별한 사고가 필요치 않다고 믿는다. 그러나 정말로 우리의 일상어가 무의식적으로 나온 것일까? 사실 "안녕!"이란 간단한 말조차도 뇌의 복잡한 활동이 있어야 가능하다. 그렇다면 뇌는 어떻게 말을 만들어 낼까?

사실 우리가 길을 가다가 아는 친구를 만나면 뇌는 우선 상황을 판단해서, 적절한 단어를 대기시켜 놓고 순서대로 나열한다. 그리고 친구가 앞에 왔을 때 목구멍, 턱, 혀, 입술 등 여러 근육을 움직여 말을 내뱉는다.

이 사실을 발견한 사람은 프랑스의 외과 의사이자 신경해부학자 폴 브로카(Paul Pierre Broca)와 독일의 칼 베르니케(Carl Wernicke)이다. 이 두 사람의 이름을 따서 '브로카 영역'과 '베르니케 영역'이라고 한다.

브로카 영역에 문제가 있으면 자신의 상황을 정확히 알고 있지만 말하는 데 어려움이 있고, 베르니케 영역에 이상이 있으면 말은 유창하지만 자신의 문제점을 알지 못한다.

아이들이 좋아하는 뽀로로를 본 적이 있는가? '크롱'이라는 캐릭터가 있는데 말은 다 알아듣지만 계속 "크롱크롱"이라고 말을 한다. 바로 브로카 영역의 문제가 있는 것이다. 브로카 영역에 이상이 있으면 말은 알아듣지만 같은 말을 반복하게 된다.

이에 반해 베르니케 영역에 문제가 있으면 말은 유창하지만 이해하기 어려운 말을 늘어놓으며, 자신에게 문제가 있다는 사실을 전혀 알지 못한다.

TV에서 조선 시대에 서당에서 몸을 좌우를 흔들며 큰소리로 읽던 아이들 모습을 본 적이 있는가? 우리 선조들은 아주 뇌 과학적인 전뇌 학습을 한 것이라 볼 수 있다.

처방

1) 쓰면서 공부한다

보는 정보와 듣는 정보는 잊히기 쉽다. 사람의 눈과 귀로 들어오는 정보량이 우리 뇌가 감당할 수 없을 만큼 많기 때문이다. 특히 수업 시간에는 듣고자 하는 의지가 없어도 엄청난 양의 정보가 눈과 귀로 들어오게 된다. 따라서 뇌가 하루 동안 보고 듣는 정보를 다 기억하려고 든다면 굉장히 혼란스러울 것이다. 그래서 우리 뇌는 그냥 보고 들은 정보는 잊어버리는 것이다. 보통 사람이 평생 보고 들은 것을 다 기억하려면 대형 여객기 한 대 정도 크기의 뇌가 필요하다는 말이 있다.

물론 학교에서 보고 들은 내용을 다 잊어버리는 건 아니다. 자연스러운 반복, 감정이 들어간 정보, 손으로 써본 것은 뇌가 중요하다고 판단해 장기기억으로 만든다. 장기기억의 기본이 바로 '쓰기'임에 틀림없다. 그리고 가장 손쉬운 방법 또한 바로 '쓰기'다.

2) 과목별 노트 필기부터 정확히 하자

민규가 이 노트, 저 노트에 대충 필기하는 것은 필기가 비효율적인 방법이라 생각해서가 아니라 그냥 공부가 하기 싫어서이다. 학교에서 보내는 14시간을 어떻게 효율적으로 공부를 할까가 아니라 어떻게 하면 대충 시간을 보낼까 생각했기에 성적이 나오지 않은 것이다. 또한 "아는 걸 쓸 필요가 없어서 안 썼다"라고 했는데, 실제로 테스트해보면 70~80%가 모르는 내용이다. 보통 쓰기 싫어하는 아이들이 대는 핑계이다.

누구나 공부에 요령이 있다. 민규도 자신만의 공부 요령이 있다. 하지만 민규처럼 공부를 못하는 아이들의 요령은 '어떻게 하면 공부를 조금이라도 덜할까?'에서 나온 잔꾀이고, 공부를 잘하는 아이들의 요령은 '학교에서 보내는 하루 14시간에 어떻게 하면 더 많이 공부할 수 있을까?' 하는 진짜 요령이다. 다시 말하면, 공부를 잘하는 아이들은 공부를 더 많이 하기 위해 요령을 만들고, 공부를 못하는 아이들은 공부하지 않기 위해 잔꾀를 부린다.

그래서 민규처럼 공부하기 싫어서 잔꾀를 부리는 학생에게는 엄격하게 노트 필기를 시키고 검사해야 한다. 민규와 같은 아이들은 수업 시간에 단어 하나 마음대로 생략하고 필기할 수 없도록 일일이 다 검사를 한다. 대략 2주 정도가 지나면 지적하지 않아도 잘한다. 보통 필기를 대충 하는 학생들은 수업 태도도 좋지 않고, 자신이 생각하기에 중요하지 않다고 생각하는 과목은 잠을 자거나 딴짓을 하는 경우가 많다. 하지만 노트 필기 검사를 하면 수업에 집중하기 시작한다.

유의할 점은 모든 과목을 집중해서 수업을 듣고 필기를 해야 한다는 것이다. 주요 과목은 집중하고, 기타 과목은 대충해도 된다는 생각을 버려라. 왜냐하면 수업 태도에도 관성의 법칙이 있어 음악, 체육 수업에 불성실한 아이들은 국어, 영어, 수학 시간에도 불성실하다.

3) 필사법

생각 없이 깜지를 쓰는 건 효과가 없다. 깜지를 쓰는데도 방법이 있다. 그것이 바로 필사(筆寫)법이다. 필사법은 책의 내용을 외운 뒤, 쓸 때는 오로지 펜 끝만 보면서 쓰는 것이다.

필사법의 구체적인 방법은 눈으로 먼저 외우고, 눈을 감고 외운 내용을 상기한 다음, 펜 끝을 보며 외운 내용을 똑같이 써보는 것이다.

뇌에는 '입력'과 '저장', '출력'이 있다. 단어를 눈으로 보고 외우는 행위는 입력에 해당한다. 그리고 눈을 감고 외운 내용을 상기시키는 건 뉴런과 시냅스(synapse)에 저장하는 것이고, 저장 후 손으로 쓰는 것은 출력에 해당한다. 필사법을 뇌 과학적으로 보면 일종의 '출력 전략'이라 할 수 있다. 뇌는 입력보다 출력을 훨씬 중요하게 여기기 때문에, 손으로 쓰면 기억이 강화된다. 그리고 쓰다가 실수를 하면 실수한 정보가 더 각인되는 효과도 있다.

4) 초서법

필사법은 책이나 공부하는 내용을 그대로 쓰는 것이고 초서(草書)법은 공부한 내용을 요약해서 써보는 것이다. 조선 실학을 집대성한 실학자인 다산(茶山) 정약용이 공부한 방법이기도 하다. 초서의 '초(抄)'에는 '베낀다'라는 뜻도 있고, '노략질하다'는 뜻도 있다. 초서법을 '공부하는 책 내용의 핵심을 뽑아 정리한다'라고 정의하면 되겠다.

현장에서 아이들을 가르쳐 보면, 나쁜 공부 습관은 고치기가 정말 힘들다. 교육 현장에서의 경험 없이 이론만 공부한 전문가 중에 여러 가지 처방을 한 번에 내놓는 사례가 있는데, 실제로 사용해보면 효과가 없는 경우가 다반사이다. 한번에 많은 것을 바로 잡을 욕심을 부려선 안 된다. 자녀가 눈으로만 공부하는가? 일단 모든 학교, 학원 수업에 최선을 다하고 노트 필기를 제대로 하는지부터 살펴보자.

CHAPTER 09

아! 옛날이여, 소연이

> 세상은 모든 사람을 깨부수지만 많은 사람은 그렇게 부서졌던 바로 그 자리에서 한층 더 강해진다. 그러나 그렇게 깨지지 않았던 사람들은 죽고 만다.
>
> 헤밍웨이(Hemingway) 《무기여 잘 있거라》 중에서

소연이 스토리

고등학교 2학년 2학기 중간고사 성적표를 집어 든 소연이가 엄마와 상담실에 앉아있다. 소연이 엄마에게서 여러 번 소연이에 대한 얘기를 들은 터였다. 소연이 엄마는 대학에서 교육학을 가르치는 교수인데, 우연히 내가 대입 영어를 가르치고 상담도 한다는 이야기를 듣고 문의를 했다. 하지만 학생을 직접 보지 않고는 상담을 할 수 없다고 해 아이를 데리고 온 것이다.

소연이는 주요 과목 내신은 5.5 정도였고, 모의고사 성적은 3~5등급 사이였다. 농·특 지역에 살고 있지만 이사한 지 얼마 되지 않아 농어촌특별전형에 포함되지 않았다. 학생부 교과, 정시를 다 살펴봤지만 마땅히 할 말이 없었다. 사실 이럴 때가 제일 난감하다. 일단 간단한 학습 진단 검사를 하고 소연이를 상담실 밖으로 보냈다. 그리고 소연이 엄마에게 말했다.

"어머니, 여기까지 힘든 걸음 하셨는데, 제가 도와드릴 게 별로 없을 것 같습니다."

그러자 소연이 엄마가 물었다.

"대학은 갈 수 있을까요?"

"잘 아시다시피 갈 수는 있겠지만 원하는 대학은 힘들 거예요."

"지금부터라도 소연이가 열심히 공부하면 내신 성적이라도 좀 올릴 수 있지 않을까요?"

"고등학교 2학년 2학기에는 전국의 모든 학생이 다 열심히 공부합니다. 그래서 아마 올리기 힘들 겁니다."

"그러면 어떻게…"

소연이 엄마는 말끝을 잇지 못했다. 나 또한 답답하긴 마찬가지였다. 일단 정확한 학습 진단을 위해서는 소연이가 지금껏 어떻게 공부했는지 알아야 한다고 얘기하니 자세히 말해주었다. 그러고는 소연이를 상담실로 불러 질문했다.

"상담 카드를 보니, 중학교 때는 공부를 잘했네."

"네, 시험이 아주 쉬웠어요."

"중학교 때는 어떻게 공부했는데?"

"그냥 시험 전에 한 달 정도만 공부하면 거의 90점 이상을 받을 수 있었어요."

"영어, 수학도?"

"네. 영어는 교과서 본문만 외우면 100점을 맞을 수 있었고, 수학은 선생님이 주시는 프린트에 있는 문제 위주로 풀면 90점 이상 맞을 수 있었어요."

"그러면 과학하고 사회는?"

"과학은 답을 거의 가르쳐 줘요. 그리고 사회는 내신 준비 문제집 한 권만 제대로 풀면 거의 다 풀 수 있어요."

그 소리를 듣고 소연이 엄마도 놀라는 눈치였다. 중학교 때 소연이가 공부를 하지 않는 건 알고 있었지만, 성적이 잘 나와서 그냥 지켜보고만 있었다고 한다. 특히 영어, 수학은 거의 100점이 나와 전혀 걱정하지 않았다고도 했다. 다시 소연이에게 물었다.

"이렇게 답을 거의 다 가르쳐 주면 학교 평균이 높지 않니?"

"아니요. 반 평균 60점도 나오지 않아요. 답을 다 가르쳐줘도 아이들이 공부를 안 해요."

"왜 공부를 하지 않지? 이렇게 쉬운데?"

"친구들이 공부에 관심이 없어요. 그래서 조금만 공부해도 성적이 잘 나왔어요."

"그래도 소연이는 공부를 하지 않은 것 치고는 점수가 잘 나왔네. 어떻게 공부한 거야?"

"시험 한 달 전에 입시 학원에 등록해서 전 과목 특강 듣고, 시험 끝나면 바로 끊었어요."

"학원을 매번 시험 기간에만 다닌거야?"

"네, 저 말고도 그런 애들 많아요."

"그러면 그 학원에서 다음에 등록할 때 안 받아줄 텐데?"

"재등록이 되는 학원도 있어서요. 그냥 이 학원 저 학원 등록되는 곳으로 다녔어요."

"여기저기 많은 학원을 짧게 다니면 공부한 내용이 연결이 안될 텐데?"

"그냥 한 달간 열심히 외우고, 문제 풀면 점수가 잘 나오던데요."

"그러면 고등학교에 올라와서는 어떻게 공부하고 있어?"

"열심히 공부했는데, 시험도 어렵고. 시험볼 때 실수도 많이 하고, 노력한 것보다 점수가 안 나오는 편이에요. 그리고 다른 아이들이 너무 열심히 공부해요."

그 말을 다 듣고 나니 소연이에게 무엇이 문제인지 확실히 보였다. 학력 수준이 낮은 중학교에서 수준이 낮은 고등학교로 가면 이런 일은 일어나지 않는다. 하지만 수준이 낮은 중학교에서 학력 수준이 높은 고등학교에 가면 종종 이런 문제들이 발생한다. 이 문제의 해결법이 바로 '메타인지(Meta cognition)'와 '기억법'이다.

셀프 모니터링

많은 사람이 자기 자신을 제대로 알지 못한다. 너무 가까이서 자신을 바라보기 때문이다. 반대로 타인을 볼 때에는 아주 먼 거리에서 윤곽만을 어렴풋이 본다.

여기에서 자신을 적당한 거리에서 바라보며 스스로를 자각하는 단어가 있다. 바로 인지 심리학에서 사용하는 '메타인지'이다. 내 생각에 대한 생각 즉, '셀프 모니터링(self-monitoring)'을 말한다.

한마디로 말하면, 자신을 안팎으로 잘 살펴보는 것을 메타인지라고 할 수 있다. 메타(Meta)는 '~에 대하여(about)'이란 뜻이고 인지(cognition)는 '안다(knowledge)'라는 뜻이다. 소크라테스가 "너 자신을 알라"고 말한 것을 교육 신경학적으로 표현하면 "공부를 잘하고 싶다면 메타인지를 높여라"라고 할 수 있다.

메타인지가 높으면 자신을 엄격히 바라볼 수 있고, 다른 사람을 정확히 판단할 수 있다. 또 메타인지가 높은 사람은 자신의 약점과 장점을 정확히 파악하며, 자신을 잘 알기에 세상과 접목할 능력의 씨앗을 찾고 그 씨앗을 키워 성공한다.

소연이는 학력 수준이 낮은 중학교에 다니면서 별 노력 없이 높은 성적을 받은 기억을 자신의 실력이라고 착각하고 있었다. 한마디로 자신의 학력 수준과 역량을 전혀 모르고 있는 것이다. 그래서 소연이는 중학교 때처럼 조금만 공부하고도 좋은 성적이 나오길 바라고, 중학교 때처럼 시험 한 달 전부터 공부를 시작했던 것이다.

고등학교에 입학한 소연이는 반 아이들이 왜 이렇게 공부를 열심히 하는지 이해할 수가 없다. 특히 학력 수준이 높은 중학교에서 진학한 아이들일수록 정말 열심히 공부한다고 한다. 소연이는 내심 '시험 한 달 전부터 공부하면 1등급을 받을 수 있는데 왜 맨날 열심히 공부해?'라고 생각했다.

하지만 일 년 내내 열심히 공부하는 학생과 일 년 중 내신을 위해 한 달만 공부하는 소연이와 비교하면 소연이의 성적이 나오지 않는 것은 당연하다. 소연이가 상상한 고등학교 생활은 중학교 때처럼 동아리 활동도 하고, 마음 맞는 친구들과 놀기도 하며, 조금만 공부하고 높은 성적을 받는 것이었다.

물론 저학력 수준의 중학교에서 고학력 수준의 고등학교에 진학했다고 해서 모두가 학습 부진에 빠지진 않는다. 메타인지가 높은 아이들은 보통 1학년 1학기 중간고사 성적을 보고 정신 차려 공부한다. 하지만 메타인지가 낮은 아이들은 과거의 영광에서 헤어나지 못하고 계속 잘못된 공부 방법을 고수한다. 그리고 '나는 공부에 소질이 없어', '이제 어쩔 수 없는 상황이야' 식으로 결론을 내리고 남은 고등학교 생활을 포기해 버린다.

한번에 모든 문제를 다 해결할 수 없다. 먼저 부족한 메타인지부터 길러야 한다.

메타인지 공부법

메타인지를 높이려면 먼저 공부하는 내용을 이해하여 나의 지식으로 만들고 쌓아야 한다. 그리고 그 쌓인 지식을 활용해 추론하여 사고력을 키워야 한다. 그렇게 향상된 사고력으로 자신을 분석하는 게 바로 메타인지이다. 그래서 공부를 많이 할수록 메타인지는 높아진다.

꿈이 없는 아이들이 있다. 자신이 무엇을 하고 싶고, 무엇 좋아하는지도 모르는 아이들이다. 사고력이 부족해, 자신을 볼 수 있는 메타인지가 길러지지 않은 아이들이다. 메타인지는 노력하면 기를 수 있다. 메타인지를 높일 수 있는 방법과 활용법을 소개한다.

1) 일단 공부한다

공부해서 사고력을 높여야 자신을 정확히 볼 수 있는 능력이 생긴다. 공부하지 않고서는 자신이 어느 과목에 약한지, 어느 과목을 좋아하는지 알 수 없다. 예를 들면, '같은 시간을 투자했을 때 수학적 사고력이 있어 수학 문제는 잘 푸는데, 암기력이 떨어져 영어 단어는 몇 개 외우지 못한다'와 같이 자신의 현재 능력을 파악할 수가 있다.

2) 타인의 능력을 판단한다

공부로 자신의 능력이 판단되었다면 자신과 경쟁하고 있는 다른 사람들의 능력과 주변 상황을 파악해야 한다. 예를 들어, '나는 4시간 동안 100개 정도의 영어 단어를 외울 수 있는데, 옆에 친구는 120개 정도를 외울 수 있다'와 같이 자신과 타인의 능력을 파악하는 것이다. 다시 말하면 타인의 능력을 객관적으로 파악하는 것이다.

3) 공부 전략을 세운다

1)과 2)로 얻은 지식으로 새로운 공부 전략을 수립한다. 자신의 뛰어난 점과 부족한 점을 파악했다면 무엇을 어떻게 공부하면 되는지 기본적인 방법을 정할 수 있다. 옆에 친구가 4시간 동안 단어 120개 정도를 외운다면 분명히 자신의 단어 공부법과 차이가 있을 것이다. 그러면 그 친구의 단어 공부법을 잘 살펴본다. 일단 따라 해보고, 자신과 맞지 않는다면 학교나 학원 선생님께 조언을 구하면 된다.

4) 자기 조절 단계에 들어간다

분석을 통해 자신의 장단점을 파악하고, 전략을 수립했다면 이제 자기 조절 단계에 들어갈 차례이다. 메타인지만으로 학습의 문제를 다 해결할 수 있는 게 아니기 때문에 아무리 메타인지로 자신을 정확히 파악했다 하더라도 실행하지 않으면 아무런 소용이 없다. 계획하지 않고, 막무가내로 공부하고, 좋아하는 과목만 계속 보는 게 아니라, 같은 시간을 공부해도 더 효과적인 방법을 찾아내고, 좋아하지 않는 과목도 계획을 세워 공부하는 단계이다.

메타인지가 높아지면 사고와 추론의 폭이 넓어지고, 효과적인 전략을 수립해 공부할 수 있다. 메타인지는 분명한 판단력을 기르고, 다른 사람의 의견이나 유행에 흔들리지 않게 하며, 무엇보다 자신의 결정이나 판단에 자신감을 느끼게 해준다.

나이에 맞는 기억법 선택하기

소연이가 중학교 시절에 썼던 공부법은 한 달간 무작정 외우는 것이다. 하지만 고등학교에 올라와서는 예전처럼 잘 외워지지 않는다고 했다. 그 이유는 나이에 맞는 기억법이 아니기 때문이다.

기억에는 크게 단기기억과 장기기억이 있다. 단기기억은 30초에서 몇 분 이내에 머릿속에서 사라져 버리는 기억이다. 대략 7개 정도의 숫자로, 잠시 전화번호를 보고 누르는 정도 수준의 기억이다.

장기기억에는 '의미 기억, 일화 기억, 절차 기억, 프라이밍 기억'이 있다.

'의미 기억'은 한마디로 말하면 단순한 암기를 말한다. 옛날에 일어났던 사건은 자세히 기억하진 못하는데 옛날에 외웠던 단어는 정확히 떠오르는 것이다. 마치 사진처럼 기억과 의미가 1대 1의 관계로 기억된다. 예를 들어, 유치원에 다니는 아이들이 공룡 이름을 수십 개씩 외운다든가, 자동차 이름을 쉽게 외우는 걸 본적이 있는가? 그게 바로 의미 기억이다. 어린아이일수록 의미 기억은 탁월하다. 한글과 구구단을 아이들이 쉽게 외울 수 있는 것도 의미 기억 덕분이다. 초등학교 2학년 때 구구단을 가르치는 것은 의미 기억이 잘 발달해 있는 시기를 겨냥해 외우게 하려는 것이다. 이때 아이들은 논리적인 기억력은 떨어지는 반면에 의미 없는 문자나 그림 또는 소리에 엄청난 기억력을 가지고 있다.

'일화 기억(에피소드 기억)'은 과거에 자신에게 생긴 일과 관련된 기억이다. 의미 기억에 비해 훨씬 기억다운 기억이라 하겠다. 일화 기억은 사물에 대한 이해력이나 사고력이 있어야 한다. 초등학교 고학년 때부터는 의미 기억이 줄어들기 시작하고 일화 기억이 완성되기 시작한다. 일화 기억에는 경험 자체의 기억뿐만 아니라, 체험 학습에서 경험한 지식과 그곳에서 터득한 지식과 노하우도 포함된다.

'절차 기억'은 우리가 흔히 '몸으로 기억한다'라고 표현하는 기억이다. 물론 실제로 몸이 기억하는 건 아니고 뇌가 기억하는 것이다. 어릴 때 자전거를 배우고 수십 년이 지나서 다시 타도 잘 탈 수 있는 것과 어릴 때 배운 수영을 세월이 지난 후에도 할 수 있는 것이 바로 절차 기억 덕분이다.

'프라이밍 기억'은 뇌의 무의식에 자극을 주어 장기기억화 시키는 것이다. 주로 TV 광고나 드라마 속 PPL에서 사용하는 방법으로, 대수롭지 않게 자주 보는 것은 비록 지각할 수는 없으나 시간이 지나면서 익숙해져 시청자에게 구매 욕구가 생기도록 작용한다. 이것을 '서브리미널 효과(subliminal effect)'라고도 한다.

사람은 무언가를 외울 때 외우는 대상에 따라 적정한 시기가 따로 정해져 있다. 뇌 과학에서 이러한 적정 시기를 '임계기'라고 부른다. 예를 들면, 한번 들으면 모든 음을 정확하게 기억하는 절대음감의 임계기는 3~4세라고 한다. 이때를 놓치면 아무리 노력해도 절대음감을 가질 수 없다. 이처럼 기억에도 임계기가 있다. 초등 저학년까지는 의미 기억이 우세하고 나이가 들수록 일화 기억이 발달하기 때문에 소연이가 중학교 때까지 했던 그냥 무작정 외우기가 고등학교에서는 전혀 먹히지 않았던 것이다. 이러한 사실을 인지하지 못하고 항상 같은 '무작정 외우기'라는 잘못된 방법으로 공부하는 학생은 자신의 기억력의 한계를 느끼고 쉽게 포기하게 마련이다.

처방

나이에 따라 공부하는 방법도 달라져야 한다. 유치원 때나 초등학교 저학년 때는 의미 기억으로, 초등학교 고학년부터는 일화 기억을 사용해서 공부법의 효율을 높여야 한다. 공부에 특별한 비법은 없다. 단지 방법만 있을 뿐이다. 그렇다면 공부의 효율을 쉽게 높이는 방법은 무엇일까?

그 방법에는 두 가지가 있다. 소연이에게도 딱 두 가지 공부 방법만 말해주었다. 하나는 정확한 이해, 그리고 하나는 복습이다. 첫째, 진도를 빨리 나갈 생각보다 '시간과 여유'를 가지고 지금 공부하는 내용을 정확히 이해하는 것이다. 교재를 선택할 때는 정평이 나 있고 쉬운 교재를 선택한다. 쉬운 책을 가지고 다니면 친구들이 우습게 본다든가, 창피하다고 말하는 학생들도 있다. 어렵고 멋스러운 책을 가지고 다니며 하나도 이해하지 못하는 게 더 우습고, 창피한 일이다. 그리고 지금 배우는 내용도 모르면서 선행 학습을 해서는 안 된다. 많은 학부모와 학생들이 선행 학습을 하여 미리 배우는 것이 학교 수업에 도움이 될 거라고 오해한다. 하지만 선행 학습은 정확히 이해하지 못한 상태에서 대충 배우게 되어 사실상 공부에 도움을 주지 못하고 미리 배운 탓에 수업에 흥미를 잃어 학습 분위기를 해치고 자신의 수업 태도를 망치는 치명적인 약점이 된다.

결국 학력이 못 미치는 아이에게 선행 학습을 하는 건, 원리는 모르고 수박 겉핥기만 하라는 것과 같다. 학습 내용의 응용력이나 창의성에 마이너스로 작용하고 수업 태도 또한 좋지 못하다.

둘째, 공부한 내용을 반복해서 읽고 복습하는 일이다. 수업 시간에 선생님 설명을 들어서 잘 알고 있다고 해도 반드시 한 번은 더 복습해야 한다.

인간의 뇌는 이해했다고 해서 장기기억화되지 않는다. 뇌 속의 뉴런은 아주 가늘기 때문에 '알겠다, 그렇구나' 정도의 단순한 이해만 하면 곧 희미해지고 만다. 그래서 반복 단계로 나가야 한다. 복습을 하지 않으면, 절대 시험을 볼 때 답을 쓸 수 없다. 몇 번이고 반복해 장기기억으로 만들어야만 문제를 풀 수 있다는 것을 명심하자.

뇌 과학적으로도 우리 뇌의 시냅스는 반복 자극에 의해 증가한다. 한마디로 복습만이 뉴런의 네트워크를 강화시킬 수 있다. 이를 뇌 과학적으로 보면, 같은 내용을 반복해 뇌에 자극을 주면 시냅스 부위의 칼슘 농도가 높아져 이에 따라 전달계가 활성화되고, 신경회로 활동이 원활해진다. 그리고 신경 말단의 시냅스 접합 부분이 분열하면서 시냅스 수도 증가하게 된다. 비유하자면 울창한 초원도 계속 반복해서 사람들이 지나다니면 길이 만들어진다는 것과 같다. 복습을 이용하면 평생 잊히지 않는 기억으로 만들 수 있다.

PART
2

공부의 달인이 되는 공부법

깜지의 여왕 태희 | 암기 천재 지수·지영이의 특별한 공부법(1)–단권화 | 암기 천재 지수·지영이의 특별한 공부법(2)–해마 공부법 | 암기 천재 지수·지영이의 특별한 공부법(3)–우뇌 공부법/편도체 공부법 | A10 신경의 즐거움, 지혜 | 재민이는 선생님

CHAPTER 10

깜지의 여왕 태희

일단 무릎을 꿇어봐야 다시 일어설 수 있다.

빈스 롬바르디(Vince Lombardi)

태희 스토리

학원 등록 상담 카드에 '중학교 졸업 성적 299/300'라고 쓴 고등학교 1학년 학생이 있었다. 299점이 나왔다는 건 중학교 내내 전교 1등을 했다는 말이다. 하지만 고등학교에 입학해서 치르는 3월과 6월 모의고사 성적은 국어 1등급, 영어 2등급, 수학 2등급. 기대에 미치지 못한 성적이었다. 1학기 중간고사 성적도 딱 그 정도였다. 바로 성적 때문에 나라를 잃은 표정으로 상담실에 앉아 있는 태희이다. 태희 오빠를 고등학교 3년 내내 가르친 터라 태희의 엄마와는 편하게 말할 수 있었다. 바로 앞에 눈으로만 공부하던 민규의 동생이 태희였다.

"어머니, 태희가 민규에 비해서는 거의 천재인데요. 왜 그렇게 실망한 표정이세요?"

"태희 아빠나 저나, 태희가 민규와는 달리 학원 한 번 안 다니고 전교 1등을 해서 기대가 컸거든요. 근데 모의고사 성적이 생각만큼 나오지 않아 조금 놀랐어요."

사실 '눈으로만 공부하던 민규'와 민규의 친구들을 2년 반 정도 가르치면서 사람이 사람을 이렇게 늙게 할 수 있다는 걸 처음 깨달았다. 정말 그 아이들을 가르친 2년 반이 25년처럼 느껴졌다. '내가 이렇게 힘든데 이놈들 부모님은 얼마나 힘들까?'란 생각에 참고 또 참으며 가르쳤다. 그래서 민규 엄마가 민규 동생을 데리고 온다고 했을 때 솔직히 반갑지는 않았다. 민규가 처음 왔을 땐 고개를 숙이며 내성적인 행동을 했는데 그건 순전히 가식이었고, 실제로는 완전히 사고뭉치였다. 민규에게는 그 어떤 교육학 이론도, 뇌 과학도, 교육심리학 이론도 무용지물이었다.

그런데 태희는 민규와는 달랐다. 일단 외모부터 성격까지 완전히 달랐다. 민규는 아빠를 닮고, 다행히 태희는 엄마를 닮은 것 같았다.

“어머니! 태희가 오빠를 안 닮아서 천만다행이에요! 하하하.”

그제야 비로소 태희와 엄마가 굳은 표정을 풀고 웃으며 상담을 시작했다. 태희에게 물었다.

“넌 어떻게 공부하니? 설마 오빠처럼 눈으로만 공부하는 건 아니겠지?”

질문은 태희에게 했는데 태희 엄마가 자랑스럽게 대답했다.

“애는 거의 쓰면서 공부해요. 누가 시킨 것도 아닌데 엄청나게 써요. 많이 쓸 때는 볼펜을 하루에 한 자루씩 쓴 적도 있어요. 집에 태희가 쓴 연습장을 라면 박스에 모아두었는데 몇 박스 나와요.”

태희 엄마의 말을 듣자마자 문제점을 알 수가 있었다. 하지만 바로 문제점을 지적하지 않고, 일단 한 달간 태희를 가르친 후에 다시 상담하겠다고 하고 돌려보냈다.

태희의 수업 태도를 보고 나는 내심 놀라고 또 놀랐다. 지각, 결석 한 번 없이 성실하고, 꽤 많은 숙제도 빠뜨린 날이 없었다. 게다가 예의도 바르고 착했다. 태희를 가르친 지 한 달 후 다시 상담을 시작했다.

"어머니! 걱정하실 게 하나도 없습니다."

"모의고사 성적이 계속 안 나오면 어떻게 하지요?"

"내신이든 모의고사든 태희는 중학교 때 받은 성적 이상으로 받을 겁니다. 그러니 걱정하지 마세요."

"정말요? 그러면 정말 좋겠어요. 그런데 왜 모의고사 성적이 나오지 않는 거죠?"

"그건 바로 쓰면서 공부하기 때문이에요."

"아니! 민규에게는 선생님께서 쓰면서 공부하라고 하셨는데."

"모든 공부법에는 장단점이 있습니다. 고등학교에서는 공부해야 할 학습량이 중학교 때와 비교도 할 수 없을 만큼 많습니다. 고등학교에서 배우는 모든 걸 다 쓰면서 공부할 순 없어요. 자세한 설명은 태희를 가르치면서 틈틈이 알려드리겠습니다. 장담할 수 있는 건 분명히 태희는 전국 최상위권이 될 거란 거예요."

2년 후 태희는 전 과목 내신 1등급, 수능에서는 국어, 영어, 수학 과목 100점, 사회·과학 탐구 과목에서 단 한 문제를 틀렸을 뿐이었다. 그리고 태희는 원하는 대학에 들어갔다.

태희의 행동 분석

손으로 쓰면서 공부하는 방법에 대해서는 앞서 설명했다. 하지만 쓰면서 공부하는 데에는 치명적인 약점이 있다. 바로 공부해야 하는 양이 많아지면 다 쓸 수가 없다는 것이다.

중학교 때와는 달리 고등학교에서는 공부해야 하는 양이 방대해진다. 잠까지 줄여 공부하는 시간을 아무리 늘려도 항상 목표한 양에 도달하지 못한다. 그러다 보면 자신감마저 사라지게 된다. 이럴 때는 변화가 필요하다.

1) 쓰면서 하는 공부의 양을 줄인다

공부하는 시간을 줄이는 게 아니라, 말 그대로 쓰면서 공부할 양을 줄이는 것이다. 예전에는 책을 처음부터 끝까지 외우고 쓰는 필사법을 사용했다면, 이제는 외울 내용을 정리하는 초서법을 사용할 때이다. 다시 말하면 배운 내용을 처음부터 끝까지 쓰면서 외우는 게 아니라, 과목별 요약 노트를 만들어 내용을 쓰며 공부하는 방법이다. 요약 노트를 만드는 것 자체가 그날 배운 내용을 복습하는 것이므로, 좋은 공부법이라 할 수 있다.

2) 요약 노트 만드는 법

'오늘 배운 내용 중에 뭐가 중요하고, 뭐가 중요하지 않은지 모르겠어요' 요약 노트를 처음 만들어본 아이들이 가장 많이 하는 이야기이다. 물론 처음 듣는 내용을 듣자마자 무엇이 중요한지 아닌지 알아낼 방법은 없다.

그러나 답은 간단하다. 일단 해보는 수밖에 없다. 학교 수업 시간에 집중해 일단 노트 필기를 하고, 필기한 부분에서 제일 중요하다고 생각되는 부분을 다시 노트 반쪽 분량으로 정리하자. 이 요약 노트에는 오늘 학교에서 배운 내용 중 꼭 알아야 할 내용이 순서대로, 간결하면서도 빠짐없이 포함되어 있어야 한다. 그리고 이 요약 노트를 깜지 쓰듯 베껴 쓰며 외우면 된다.

나는 학생들에게 모든 과목 요약 노트를 만들게 하고, 일주일에 한 번씩 검사를 했다. 단언컨데, 검사를 일일히 하지 않으면 아이들은 요약 노트를 만들지 않는다. 아무리 좋은 방법도 쓰지 않으면 소용이 없다.

요약 노트 만들기가 성공하려면 많은 노력이 필요하다. 우선, 아이들에게 요약 노트를 만들게 하려면, 왜 해야 하는지 설득 시켜야 한다. 나는 요약 노트를 만들기 전과 만들고 난 후의 성적 데이터를 보여주는 방법을 쓴다. 성적 데이터를 보다 보면 아는 선배의 이름이나, 친구의 이름도 발견할 수도 있고, 태희는 오빠 민규의 이름도 확인할 수 있었다. 이렇게 확인시켜도 대부분 아이들은 1~2주 쯤 하다가 귀찮아서 포기하고 만다.

그래서 이번에는 철저한 검사를 시작한다. 다시 말하지만, 부모나 교사가 검사하지 않으면 아이들은 절대로 하지 않는다. 검사를 하지 않아보니, 전국 모의고사 상위 1% 내에 드는 학생들도 2주 정도 하다가 포기했다. 하지만 매주 정해진 시간에 요약 노트를 검사하고, 노트를 만들지 않은 아이를 체크한 경우에는 90% 이상이 지속해서 했다.

여기서 노트를 검사하는 부모와 선생님에게 중요한 점은 관찰 일지를 쓰는 것이다. 누가 오늘 얼마나 늦게 왔는지, 숙제는 무엇을 하지 않았는지, 요약 노트에 뭐가 빠졌는지 꼼꼼히 체크하는 것이다. 그것도 학생 면전에서 작성한다. 예를 들어 민규가 5분 지각하고, 어제 요약 노트가 빠졌다면, 쓰면서 말한다.

"민규, 오늘 5분 지각. 어제 요약 노트 하지 않음! 오늘 민규가 입은 강아지가 프린트된 노란 티셔츠 안 어울림. 전혀!"

이렇게 일지를 쓰고 학생들이 모두 들을 수 있게 읽는다. 요약 노트의 효과를 보려면 '끝까지 해내는 힘'이 필요하다.

상위 1%가 되는 복습법:
배우기보다 익숙해져라

선행 학습과 같은 예습은 공부에 전혀 도움이 되지 않지만, 복습은 한번 배운 내용을 다시 검토하는 과정이므로 보다 많은 내용을 오래 기억할 수 있고, 그 지식을 바탕으로 좋은 성과를 낼 수 있다.

복습하지 않고 배운 내용을 이해하고 외우기란 불가능하다. 그리고 복습에서 중요한 것은 '언제 복습할 것인가'이다. 그 '언제'가 복습의 효율을 좌우한다. 왜냐하면 인간의 뇌는 외운 지식을 반복하지 않고 내버려 두면, 그대로 지워버리기 때문이다. 고맙게도 19세기 후반, 독일의 헤르만 에빙하우스(Hermann Ebbinghaus)라는 심리학자가 기억 실험을 했다.

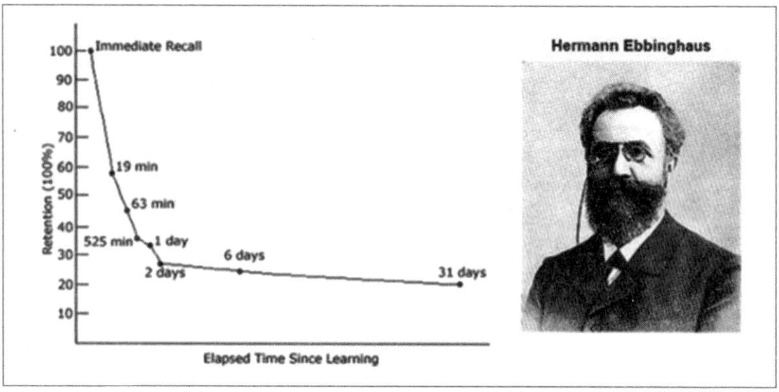

이 실험의 핵심은 바로 '해마의 역할'이다. 해마는 대뇌 피질의 측두엽으로 들어오는 많은 정보 가운데 꼭 기억해야만 하는 것만 선택해서 다시 측두엽으로 보내는 역할을 한다. 해마에 대해서는 뇌 과학 공부법에서 다시 자세히 다루도록 하겠다.

16년간 기억을 연구한 에빙하우스는 인간의 기억과 망각에 대해 놀라운 것을 발견했다. 바로 인간은 누구나 할 것 없이 학습이 끝난 10분 후부터 망각이 시작되고, 20분이 지나면 42%, 60분 뒤에는 배운 지식의 56%, 9시간 뒤에는 64%, 하루 뒤에는 67%, 한 달 뒤에는 79%를 망각한다는 것이다.

'학습'을 뇌 과학적으로 설명하자면, 우선 새로운 내용을 이해해 뇌에 단기기억으로 저장했다가, 복습을 통해 장기기억으로 저장해 언제든 꺼내 쓸 수 있게 만드는 것이라 할 수 있겠다.

그래서 에빙하우스는 효과적으로 공부하려면, 일정 시간을 두고 공부할 범위를 분산한 뒤, 우리 뇌가 망각을 시작할 때 복습하는 것이 단기기억을 장기기억으로 전환하는 데 효과적이라고 주장했다. 즉, 복습의 목적은 '장기기억 증강(LTP, Long-Term Potentiation)'에 있으므로 복습의 타이밍을 놓치지 말라는 것이다.

복습하는 타이밍은 기억한 것을 잊어버리기 직전에 시작하면 된다. 공부는 종합적 뇌 과학이다. 막무가내로 열심히 해서 성적이 오르는 것이 아니라, 효율적인 공부법을 갖추어야 노력의 결실을 거둘 수 있다. 걱정되고 불안하다고 계획 없이 공부하면, 하고 싶은 공부만 반복하는 '학습 과잉'이 될 수 있다. 과잉 학습은 진도는 좀처럼 나가지 않고 시간만 낭비되는 현상을 낳는다. "하루에 잠을 4~5시간밖에 자지 않는데 공부할 시간이 항상 부족해요"라고 말하는 아이들 대부분이 시간만 허비하는 과잉 학습에 빠진 아이들이다.

과잉 학습도 문제지만 전혀 복습하지 않는 아이들은 더 문제다. 에빙하우스에 따르면 배운 후 한 달이 지나면 기억이 증강하지 않는다고 한다. 다시 말하면, 공부한 내용을 한 달 안에 복습하지 않으면 처음의 노력은 쓸모없어지고 만다.

나는 지난 10년 동안 에빙하우스의 이론과, 바로 뒤에 설명할 젠킨스(Jenkins)와 달엔바흐(Dallenbach)의 이론을 바탕 바탕으로 요약 노트 만들고 복습을 시켰다.

요약 노트를 만들기 위해서는, 우선 수업 시간에 집중할 수밖에 없다. 나는 집중해서 필기한 내용에서, 선생님이 중요하다고 한 부분, 강조한 부분을 추려서 노트 반 장 정도로 요약을 하게 했다. 그러고 잠자기 40분 전에 침대에 누워 그날 정리한 요약 노트만 보게 했다. 그리고 두 번째 복습은 일주일 후에, 세 번째 복습은 한 달 뒤에 하게 했다.

학습의 골든타임:
잠자기 40분 전을 노려라

내가 잠자기 40분 전에 요약 노트를 보게 한 이유는 젠킨스와 달엔바흐의 이론에 따른다. 젠킨스는 '공부한 뒤에 바로 자면 기억량이 많아진다'라는 연구 결과를 발표한 바 있다. 보통 깨어 있으면 8시간 뒤에 90%를 잊어버리지만, 곧바로 자서 8시간 후에 일어나면 50% 정도밖에 잊어버리지 않는다는 것이다.

그렇다면 왜 공부하고 바로 자면 기억량이 늘어날까? 그 이유는 바로 수면 중에도 인간의 대뇌는 활동하기 때문이다. 인간은 잠을 자면 해마에서 기억해야 할 필요가 있는 것과 없는 것을 구분하고 그 과정에서 쓸모 있는 정보를 뇌 속에 저장하고 쓸모없는 것은 지워버린다. 해마가 쓸모 있는 정보라고 가장 많이 판단할 때가 바로 취침 전 30분 동안이다. 그래서 취침 30분 전을 '학습의 골든타임'이라 부른다.

그런데 하루에 단 한 번인 학습의 골든타임에 TV나 컴퓨터, 스마트폰을 보는 사람이 있다. 어리석은 짓이다. 여러분도 중요한 시험이 있다면 이 골든타임을 이용해 보길 바란다.

그러나 문제는 그 황금 시간대가 취침 전 30분밖에 되지 않는 데 있었다. 그래서 생각해 낸 것이 바로 그 시간에 볼 수 있는 요약 노트를 만드는 것이었다.

나는 두 이론을 바탕으로 한 복습용 요약 노트를 전 과목 만들게 했다. 우선 요약 노트 한 페이지를 위아래 나눠 두 과목을 간략히 요약하게 하고, 한 과목당 한 개의 키워드를 잡게 했다. 이렇게 하면 하루 두 장 정도의 노트가 만들어지고, 자기 전 40분 전부터 요약 노트와 키워드를 보면 된다.

젠킨스와 달렌바흐의 연구에는 30분이라고 했지만, 내가 40분을 잡은 이유는 '그냥'이다. 왠지 30분은 너무 짧은 것 같아, 10분 늘려 40분으로 잡았다.

이렇게 정리한 요약 노트를 누적 복습시키고 내신 시험 3주 전부터는 문제를 많이 풀게 했다. 효과는 놀라웠다.

이 책을 읽는 여러분이 학부모라면 자녀에게 꼭 적용해 보길 바란다.

처방

태희가 전국 최상위권이 될 거라고 장담할 수 있었던 것에는 두 가지가 이유가 있었다. 첫째는 바로 태희의 '공부하는 태도'이다. 태희의 태도에서 '노력과 끝까지 해내는 힘'을 보았기 때문에 전국 최상위권이 될 것으로 예측할 수 있었다. 노력하지 않고 끝까지 해내는 힘이 없는 아이는 세상 그 어떤 교육학 이론도, 뇌 과학도 소용이 없다.

그리고 또 한 가지 '국어'의 힘을 알기에 장담했다. 국어를 잘하는 아이들은 암묵적 지식이 뛰어나다.

영국의 철학자이자 물리 화학자인 마이클 폴라니(Michael Polanyi)는 지식을 '암묵적 지식'과 '명시적 지식'으로 구분했다.

'암묵적 지식'은 학습과 경험을 통하여 습득함으로써 개인에게 체

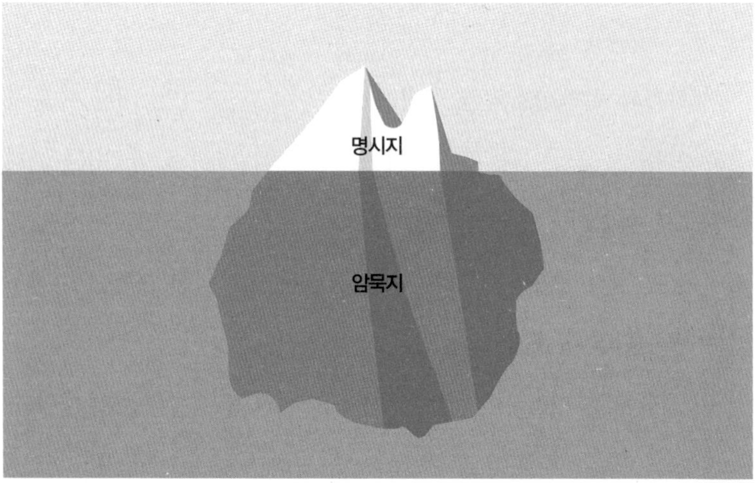

화되어 있지만, 언어나 문자로 표현하기 어려운, 겉으로 드러나지 않는 지식(노하우)을 말한다. '명시적 지식'은 암묵적 지식과 상대되는 개념으로 언어나 문자를 통하여 겉으로 표현된 지식으로써 문서화 또는 데이터화된 지식이라고 할 수 있다.

쉽게 설명하면 암묵적 지식은 눈에 보이지 않는 배경 지식이고, 명시적 지식은 눈에 보이는 지식이다. 명시적 지식은 위 그림과 같이 눈에 보이는 빙산의 일각일 뿐이다. 그러나 암묵적 지식은 눈에 보이지 않는 지식 90%를 차지한다. 국어를 잘하는 학생은 암묵적 지식이 뛰어나다. 그들은 오랫동안 다양한 분야의 독서를 통해 폭넓은 배경지식이 있어, 출제자의 의도를 정확히 파악하고, 독해력이 뛰어나다.

태희가 전국 상위 1%가 된 건 학교 선생님 덕분도, 내 도움도 아니다. 원래 상위 1%가 될 수밖에 없는 모든 조건을 가지고 있었기에 가능했다. 우리는 단지 손가락으로 태희가 갈 방향만 가리켰을 뿐이다. 전국 상위 1%의 조건은 '성실함+끝까지 해내는 힘+독서를 통한 풍부한 배경지식' 습득이다.

공부비법 세 가지

첫째. 이해하며 공부한다.

둘째, 공부한 내용을 요약한다.

셋째, 요약한 내용을 잊기 전에 복습하고 잠자기 전에 떠올린다.

백 번 읽은 사람은 백한 번 읽은 사람과 비교가 되지 않는다.

_ 탈무드

CHAPTER 11

암기 천재 지수·지영이의 특별한 공부법(1)_단권화

많이 보고, 많이 공부하고, 많은 고통을 당해라.
이것이 지혜로 나아가는 길이다.

고대 켈트족 속담

지수·지영이 스토리

수능용 영어 단어장 한 권을 2주 만에 외우고, 문법책 한 권에 나오는 1,000문장을 4개월 만에 다 외운 지수는 천재일까?

지수, 지영이는 쌍둥이다. 엄마, 아빠, 지수, 지영이 이렇게 온가족이 학원에 찾아왔을 때 깜짝 놀랐다. 그동안 수많은 쌍둥이를 가르치고, 지금도 가르치고 있지만, 세상에 이렇게 똑같이 생긴 아이들은 처음 보았다.

"와~! 아버님, 이렇게 똑같이 생긴 애들은 처음 봐요."

"제가 얘들 아빠지만 가끔 저녁에 퇴근하고 들어와서 힐끗 보면 헷갈릴 때가 있어요."

3년간 복도나 강의실에서 지수와 지영이를 만나면 가장 많이 한 말이 "너 누구야?"였다. 보통 상담실에 엄마와 아빠가 함께 참석하면 가정도 화목하고, 아이들도 공부를 곧잘 한다. 아빠도 교육에 관심이 많기 때문이다. 역시나 지수, 지영이 둘 다 공부를 잘하는 편이었다. 중학교 졸업 점수가 지수는 288/300, 지영이는 286/300이었다.

한 달간 지수와 지영이를 가르쳐보니 착하고, 성실했다. 특출하게 뛰어나지도 않지만 못하지도 않는 평범하면서 성실한 아이들이었다.

그러나 영어만큼은 9년이나 전문 학원에 다녔지만 만족할 만한 성과가 나오지 않았다고 한다. 기존 학원에서 어떤 교재로 공부했는지 물으니 이 책, 저 책 수많은 교재의 제목을 읊었다. 대략 일 년에 3~4권 가량 본 듯했다. 그런데도 왜 지수와 지영이는 전혀 효과를 보지 못했을까? 그건 바로 '너무 많은 책을 보았기 때문'이다. 그래서 나는 일 년간 학교에서 배우는 교과서 외에, 단어장과 문법책 한 권만 가지고 공부하기로 했다.

그러자 두 아이 모두 앞서 말한 대로 단어장은 2주 만에 다 외웠고, 문법책은 4개월 만에 다 외웠다. 즉, 단어장의 4,000단어는 스펠링과 뜻을 외우고, 문법책에 나오는 1,000문장은 외워서 쓸 수 있었다. 이렇게 일 년 동안 단어장은 열두 번 반복했고, 문법책은 아홉 번 반복했다. 그리고 중간중간 모의고사 유형을 익히기 위해 모의고사 문제를 풀게 한 게 다였다.

이렇게 공부한 뒤, 고등학교에 입학한 첫 모의고사에서 1등급이 나왔고, 9월 모의고사부터는 영어 과목에서 100점이 나왔다. 초등학교 1학년 때부터 수십 권의 교재를 공부하고도 나오지 않았던 점수가 단어장, 문법책 각 한 권씩만 외웠을 뿐인데 전국연합 모의고사에서 1등급을 받은 것이다.

이것이 바로 단권화의 효과이다. 물론 초·중학교에서 공부한 것과 그동안 다닌 학원에서 배운 지식이 암묵적 지식을 형성해 있었고, 그 암묵적 지식을 단권화시켜 명시적 지식으로 전환해서 얻은 성적일 것이다. 암묵적 지식이 없이 바로 책 한 권만 공부해서는 절대 좋은 성적을 받을 수 없다.

영어 공부의 오해 바로잡기

"단어장 한 권을 2주 만에 외우면, 두 달이면 4권, 일 년이면 24권 외울 수 있는 거 아니야?"라고 묻는 사람이 있다. 단어장에 실리는 단어가 보통 4,000단어 정도 되니까, 일 년 동안 외우면 96,000단어가 되고, 고등학교 3년 동안 외우면 288,000단어가 되는 게 아닌가 싶은 것이다. 또한 "단어장 한 권에 22,000단어나 33,000단어가 있는 게 아니야?"고 질문하는 사람도 있었다. 먼저 후자부터 설명하자면, 단어장 제목에만 22,000단어 또는 33,000단어 수록이지, 실제 단어는 1,000단어가 채 안 된다. 예문에 나오는 모든 단어를 포함해야 22,000단어, 33,000단어이다.

국내 고등학교 영어 단어장에 나오는 단어의 90%가 같다. 차이는 10%도 나지 않는다. 그 10%는 심지어 외우지 않아도 독해에 지장이 없는 단어다. 다시 말해, 단어장은 여러 권 외울 필요가 없다. 교과서와 모의고사에서 새롭게 나오는 단어를 꾸준히 외우며, 시중에 정평이 나 있는 좋은 단어장 한 권을 선택해 제대로 반복해서 외우면 된다.

사실 4,000단어도 많다. 중학교에서 배운 중복된 단어를 제외하면 2,000단어도 채 되지 않는다. 그래서 일 년에 단어장 한 권만 외우게 해서 한 달에 한 번씩 반복만 시켰다. 대신에 단어장에 나오는 뜻풀이는 대표적인 뜻 외에 수록된 모든 뜻을 외워야 한다.

문법책도 마찬가지로 많은 책을 볼 필요가 없다. 한 권만 제대로 공부하고 외워도 문법 천재가 될 수 있다. 가끔 '문법 공부를 하지 않아도 된다'는 사람이 있다. 그러나 학생들이 배우는 영어는 해외여행용 관광 영어가 아니라, 영어로 된 신문과 책, 그리고 전공 서적을 읽고 이해하기 위한 영어이다. 제발 수능 영어 문제라도 한 번 풀어보고 그런 말을 하길 바란다. 단어를 묻는 문제여도, 문법을 모르고는 정확히 독해를 할 수가 없다. 문법을 모르면 단어를 아무리 많이 알아도 해석할 수가 없는 것이다. 그리고 정확한 독해가 되지 않으면 논리적인 글인 수능 영어를 풀 수가 없다. 즉, 문법 공부는 정확한 독해를 위해 공부하는 것이다.

그리고 아이들이 문법 공부를 어려워하는 것은 문법을 배우기만 하고, 문법을 포함한 문장을 암기하지 않아서이다. 선생님이 문법을 가르칠 때 예문으로 쓴 문장만 제대로 이해하는 방법으로 4개월만 공부해도 고등학교에서 필요한 문법을 거의 완성할 수 있다.

혹자는 우리나라 수능 영어에 문제가 있다고 말하기도 한다. 몇 년 전 TV에서 영국에 가서 원어민 몇 사람에게 우리나라 수능 영어를 보여주고 문제점을 찾으라고 하는 프로그램을 본 적이 있다. 원어민이라고 해서 영어를 잘하는 게 아니다. 입장을 바꿔서 생각해보자. 우리나라 사람이라고 모두 국어를 다 잘하는가? 한국어를 할 수 있다고 해서 국어를 잘하는 건 아니다. 초등학교 5학년도 우리말을 누구 못지않게 잘하지만, 그 아이들에게 수능 국어 문제를 풀게 하면 과연 몇 점이나 맞을 수 있겠는가? 그 아이들에게 수능 국어 문제에 대한 문제점을 말해달라고 해보라. 문제를 풀 수도 없는 아이들에게 문제에 대한 평을 묻는 건 이치에 맞지 않는다. 마찬가지로 교육 전문가도 아닌 원어민 몇 사람에게 우리나라 수능 영어 문제를 보여주며, 수능 영어를 우스갯거리로 만드는 모습을 보고 적지 않은 실망을 했다.

학창 시절 높은 성적을 받은 최고의 인재들이 교사가 되는 민족은 전 세계를 통틀어 두 민족밖에 없다. 바로 우리 한민족과 유대인이다. 우리나라 교사들의 수준은 대기업 사원의 역량과 비교해도 손색이 없다. 한마디로 국내 최고의 인재가 선생님이 된 것이다. 우리나라는 반도체만 세계 최고가 아니다. 그러나 교육학 수준은 세계 최고 수준이다. 현재 공교육과 사교육에서 개발되는 교육 프로그램은 타의 추종을 불허한다. 미국에서는 상상도 하지 못할, 뇌 과학에 바탕을 둔 학습 프로그램들이 교육 현장에 쏟아져 나오고 있다. 그래서 미국 유명 대학교수들이 우리나라의 교육제도와 콘텐츠를 연구하고 본받으려 하는 것이다. 전 미국 대통령 버락 오바마 역시 한국의 교육제도를 극찬하지 않았는가.

최고의 인재들이 만든 질 좋은 교육 시스템이 공·사교육을 통해 우리 학생들에게 제공되고 있다. 그런 교육 시스템을 교육 전문가도 아닌 일반인에게 의견을 묻고, 문제점을 지적하는 것은 어불성설이다.

또한 미국 고등학교의 예를 들면서 우리나라 교육의 문제점을 이야기하는 사람도 있다. 미국에서 양질의 교육을 받을 수 있는 곳은 한 학기 등록금이 최소 2,000만 원이 넘는 사립 고등학교뿐이다. 우리나라 일반 고등학교의 등록금보다 수십 배나 비싼 미국의 사립 고등학교와 비교하는 것은 잘못이다. 미국에서 학교를 다녀본 사람들은 잘 알 것이다. 미국 공립 고등학교 2학년의 학력 수준은 우리나라 중학교 3학년 수준도 안 된다.

우리나라 사람들은 '영어 교육을 12년이나 받는데도, 영어를 한마디도 못 한다'며 영어에 대한 열등감이 있다. 하루빨리 고쳐야 하는 어리석은 생각이다.

어느 TV프로그램에서 핀란드의 시장 좌판에 일하는 아주머니도 영어로 대화를 나누는데 우리나라의 토익 만점자는 영어를 한마디도 못 한다며 비꼬는 내용이 있었다. 그러나 핀란드 아주머니가 구사하는 영어는 주로 반복되는 2,000단어 정도이고, 생활영어 문장 200~300개가 전부다. 이 정도만의 영어를 반복하고, 조합해서 문장을 만들어 내는 것이다. 이 정도면 우리나라 고등학생이 1~2주면 전부 외울 수 있는 양밖에 되지 않는다. 우리나라 고등학생들에게 생활영어 300문장을 중간고사에 낸다고 말하고 외우게 해보라. 며칠 만에 완벽하게 외울 것이다. 반대로 핀란드 아주머니에게 우리나라 고등학교 수준의 영어 시험을 보게 해보면 몇 점이나 맞을 수 있을까?

우리나라 학생들은 영어의 암묵적 지식은 형성되어 있지만, 자신의 생각을 영어로 말할 기회가 없었기 때문에 못하는 것뿐이다. 영어를 몰라서 말을 못하는 것과는 전혀 다르다.

영어권 국가에서 평가하는 영어 실력은 지적 의사소통이라는 관점에서 영어 신문을 읽을 수 있느냐 없느냐를 기준으로 평가한다. 물론 영어로 수준 높은 대화를 유창하게 할 수 있으면 더할 나위 없이 좋겠지만 이 점을 오해하여 생활영어 몇 마디 하는 것을 영어 실력이라고 판단해서는 안 된다.

지수·지영이의 행동 분석

도쿄 대학교 총장 하마다 준이치, 최고재판소 사무총장 야마사키 도시미쓰, 가나가와 지사 구로이와 유지 등 일본 최고의 오피니언 리더 1,000여 명을 배출한 전설의 교사가 있다. 그 교사는 자신만의 독특한 교육법으로 일본 도쿄 대학교 합격 1위라는 기적을 만들어냈다.

바로 '하시모토 다케시'이다. 일본 고베시, 나다 중·고등학교에 국어 교사로 근무했던 하시모토 다케시는 학생들에게 6년 동안 나라 간스케의 소설 《은수저》 한 권을 천천히 읽고 분석하게 했다. 이 수업법을 '슬로 리딩(slow reading)'이라고 한다. 수업 방식이 너무 파격적이어서 많은 사람이 우려하였으나 결과는 실로 놀라웠다. 일본의 작은 시골 학교, 나다 고등학교가 도쿄 대학교 최대 합격자를 배출한 것이다.

하시모토 다케시가 쓴 책 《슬로 리딩》에서 밝힌 '《은수저》 연구 노트 공부법'은 다음과 같다.

- 통독

각 문장을 끝까지 읽고 모르는 한자를 조사한다. 그리고 한자 읽는 법을 찾는다.

• 주제

각 문장이 왜 쓰였는지 생각해보고, 각 장의 제목을 정한다.

• 내용 정리

장 별로 어떤 내용이, 어떤 순서로 적혀 있는지 정리한다.

• 단어 익히기

어려웠던 문장과 단어의 의미와 설명을 정리하고 암기한다.

• 주의할 문구

미리 뽑아놓은 문장에 등장하는 단어의 의미와 쓰임을 설명하고, 낯선 단어는 스스로 조사하거나 친구와 의견을 나눈다.

• 단문 연습

앞의 '주의할 문구'에서 찾은 단어를 이용해 단문을 몇 개 만들고, 그중 하나를 적는다.

• 감상

문장의 표현이 훌륭하다고 생각한 부분을 옮겨 적고, 감동한 이유를 생각한다.

• 참고 및 활용

연구 노트에 적은 내용과 관련된 다양한 정보들을 잘 읽고 필요한 부분은 외운다.

어느 초등학생이 책을 수십만 권 읽었다는 이야기를 들었다. 책을 수십만 권 읽었다는 말은 책을 수십 권도 제대로 읽지 않았다는 말과 같다.

2018년 베이징월드컵 때 경기 중계자가 "인구 많다고 축구 잘하는 건 아니지요"라고 말한 적이 있다. 정말 재미있고 의미심장한 말이다. 인구가 많다고 축구를 잘했으면 중국과 인도가 거의 모든 월드컵 우승을 휩쓸어야 한다. 인구 6,500만 명 정도뿐인 프랑스는 월드컵에서 우승을 차지했고, 노벨상도 세계 인구의 0.2%도 되지 않는 유대인이 24.5%를 가져가는 것이 현실이다.

독서도 마찬가지다. 그 초등학생이 수십만 권을 어떻게 읽었는지도 모르겠지만, 만약에 읽었다고 하더라도 좋은 책 한 권 꼼꼼히 제대로 읽는 것만 못하다. 수박 겉만 핥아서는 수박 맛을 알 수가 없다.

처방

아이들에게 책을 많이 읽는다고 칭찬해서는 안 된다. 어떤 부모는 책을 한 권 읽을 때마다 '칭찬 스티커'를 붙여주는데, 잘못된 독서 교육법이다. 책을 많이 읽는다고 칭찬하면 아이들은 더 많은 책을 읽기 위해 읽기 쉬운 책을 선택하고, 빠르게, 대충 읽는다. 책을 읽고 생각하는 시간도 없다.

공자의 《논어》에는 '배우기만 하고 생각하여 자기 것으로 소화하지 않으면 얻음이 없고, 생각만 하고 보편적인 학문을 배우지 않으면 독단에 빠져 위태로워지기 쉽다(學而不思則罔, 思而不學則殆)'라고 했다. 책은 읽는 것도 중요하지만 읽고 생각하지 않으면 쓸모가 없다.

열 권의 책을 한 번씩 보는 것보다 한 권의 책을 열 번 보는 게 훨씬 효과적이고 공부를 잘하는 비결이다. 비유하자면 책을 반복해서 읽는다는 건 숲속에 길을 내는 것과 같다. 가지 않은 길이기에 풀숲을 헤치며 나아가야 하므로 몹시 힘들고 고달프다. 하지만 다음에 그 길을 다시 지날 때는 훨씬 수월해진다. 그 길을 자주 지나면 지날수록 힘들게 했던 억센 풀숲의 저항은 줄고 결국에는 넓고 평평한 길이 된다. 반복 학습도 이와 같다. 책을 한 번 읽고 다시 읽지 않는 것은 힘들게 닦은 길을 다시 풀숲으로 만드는 행동이다. 한 번 배운 것은 반복하면 기억하기 쉽다.

반복 학습을 뇌 과학적으로 설명하자면, 반복을 하면 뇌에 새로운 신경회로가 자리를 잡게 된다. 이것을 '뇌의 가소성(plasticity)'이라고 한다. 뇌의 가소성이란 뇌가 어떤 계기에 의해 변화를 일으키면 그 계기가 사라져도 변화된 상태로 남아 있다는 뜻이다. 다시 말하면 뇌라는 인지 도시에 길을 만들어 자주 다니면 그 길이 넓고 평탄해진다는 말이다.

몇 권 읽는 게 중요한 게 아니라, 무엇을 얼마나 반복해서 읽고 어떻게 생각하는지가 중요하다.

어떤 마을 사람들이 랍비에게 열심히 공부만 하는 아이를 이렇게 소개했다. "이 아이는 어찌나 열심히 공부하는지 밥 먹을 때도 책을 읽고, 잠자기 전에도 책을 본답니다." 이 말을 듣고 랍비는 대답했다.

"아마도 이 아이는 아는 게 별로 없을 겁니다." 랍비의 말을 들은 마을 사람들이 그 이유를 묻자 랍비는 이렇게 말했다. 책만 읽고 생각할 시간을 못 가지니 어찌 아는 것이 있겠습니까?

_ 탈무드

CHAPTER 12

암기 천재 지수·지영이의 특별한 공부법(2)_해마 공부법

한 걸음 한 걸음 단계를 밟아 나아가라.
그것이 무언가를 성취할 수 있는 내가 아는 유일한 방법이다.

마이클 조던(Michael Jorden)

해마 공부법

보통 고등학생 60~70%는 졸업할 때까지 단어장 하나 완벽하게 외우지 못하고 졸업한다. 단어장을 외운다 해도 대충 뜻만 외우지 스펠링까지 외우지는 않는다.

그러니 지수와 지영이가 2주 만에 스펠링과 뜻을 다 외웠다고 하면 많은 사람이 의심한다. 생활영어도 아닌 수능용 문법과 문장을 1,000단어 외운다는 것도 마찬가지다. 천재거나 거짓말이라고 생각한다.

"4,000단어를 2주 만에 암기시킨다고?"

"단어는 그렇다 치고, 영어 1,000문장을 4개월 만에, 순서대로 외우게 한다고?

가능하다. 그것도 누구나 할 수 있다. 지수와 지영이는 단어장 한 권 외우는 데 2주가 걸렸지만, 빠르면 일주일 만에 외우는 아이도 있다. 1,000문장도 마찬가지다. 평균 4개월이지, 빠른 아이들은 3개월 만에 다 외우는 아이도 있다. 나중에는 책을 보지 않고 순서대로 쓰는 정도가 아니라, 눈을 감고 첫 문장부터 마지막까지 다 외워 쓴다. 다시 말하지만, 아주 평범한 아이들이 해냈다. 방법이 뭐냐고? 바로 '해마 기억법'이다.

김구, 나비넥타이, 도마, 좌석, 아르바이트, 피로회복제, 구두, 슈바이처, 학원, 사군자, 코코아, 자동판매기, 하마, 신문, 자전거. 서로 관련이 없는 15개 단어를 한 번 읽고 순서대로 외워보도록 하자. 실험을 제대로 하고 싶다면 누군가에게 위의 단어를 순서대로 불러 달라고 하고 들은 순서대로 써본다. 몇 개나 순서대로 썼는가? 결과를 보고 실망할 필요는 없다. 학생들로 실험을 해보면 5~7개 정도가 평균이고, 적으면 2~3개 쓰는 학생들도 있었다. 자, 그러면 이제부터 여러분 모두 앞의 단어 15개를 순서대로 쓰게 해 주겠다.

설명하는 그대로 해야 한다. 먼저 그림으로 연상해보자. 그것도 생생하게 연상할수록 효과는 좋다. 눈을 감고 머릿속에 그려보자.

'백범 김구 선생이 나비넥타이를 하고, 도마 안중근 선생을 만나러 가고 있다. 버스를 타고 가는데 버스 좌석에 앉아 보니 옆자리에 피로에 찌들어 잠자는 편의점 아르바이트생이 있다. 그 아르바이트생에게 힘내라고 피로회복제를 준 김구 선생이, 아래를 보니 구두가 지저분했다. 그래서 구두 수선집을 찾았는데, 가게 이름이 '슈바이처'라고 했다. 사장님이 구두를 환자, 자신을 의사라고 생각해서 수선집 이름을 슈바이처라고 지었다고 했다. 구두 수선 기술은 어디에서 배웠냐고 물어보니 학원에서 배웠다고 했다. 그 학원은 구두 수선만 가르치는 게 아니라 사군자도 가르친다고 했다. 갑자기 사군자를 보면서 코코아를 마시고 싶어진 김구 선생은 근처 음료 자동판매기를 찾았다. 자동판매기에 입을 쩍 벌리고 있는 하마 사진이 있다. 예전 신문에서 하마가 아프리카에서 제일 위험한 동물이라고 소개한 기사가 생각났다. 그러다 자전거를 타고 약속장소에 갔다'

이제 순서대로 써보자. 몇 개나 순서대로 썼는가? 중간에 집딴생각을 하면 한두 개 실수할 수는 있지만, 제대로 집중했다면 거의 다 쓸 수 있다. 이것이 바로 '해마 기억법'이다(사실은 해마와 우뇌를 다 사용한 것인데, 여기에서는 해마만 설명하기로 한다).

같은 방법으로 콜럼버스가 신대륙을 발견한 해를 외워보자. 1492년이다. 외우는 방법은 같다. 머릿속으로 생생하게 그림만 그리면 된다. '콜럼버스가 여름에 배를 타고 신대륙에 도착했다. 너무 더운 나

머지 일사(14)병에 걸려 구이(92)될 뻔했네'. 이렇게 머릿속으로 생생하게 그림을 그릴수록 감정을 담당하는 편도체가 활성화되어 더욱 기억에 남는다.

임진왜란은 선조 25년, 서기 1592년에 일어났다. 자, 또 상상해보자. 선조가 야쿠르트 '이오(25)'를 마시고 있다. 이오를 마시는 선조에게 유성룡이 "이오나 마시면서 이러구(159) 있(2)을 때가 아닙니다. 왜놈들이 쳐들어오고 있습니다"라고 얘기했다. 선조 이오, 일오구이.

지수와 지영이의 단어 암기 방법도 같다.

• passive: 수동적인, 활기 없는, 소극적인

월드컵에서 한 게으른 선수가 공이 오면 패스(pass)만 하고 껌만 씹으(씨브, sive)며 수동적이며, 활기 없고, 소극적으로 경기에 참여하고 있다.

• riddle: 수수께끼, 난문

리들(니들, riddle)에게 아주 어려운 난문과 같은 수수께끼를 내볼게.

• germ: 세균, 병원균

아주 작은 점(germ)처럼 생긴 세균과 병원균이 퍼졌다.

• diaper: 기저귀

위생을 위해 아이들한테는 기저귀 다 입혀(다이퍼 ; diaper).

• astonish: 깜짝 놀라게 하다.

욕쟁이 친구가 좋은 차를 타고 갑자기 나타나 "어서 타(asto) 너(니 ni) 쉬(쉬: sh)×놈아!"라고 소리 질러 나는 깜짝 놀랐다.

즉, 문장 외우기는 간단한 그림을 떠올리고 그 위에 스토리만 입히면 된다. 하루에 300개씩 외우면 2주면 대략 4,000단어가 넘는다.

이렇게 쉽게 외울 수 있는 건 앞서 말한 바와 같이 우리 뇌 속의 해마와 우뇌 덕분이다. 해마와 우뇌를 사용해 외우고, 편도체를 자극해 장기기억을 만들면 우리는 누구나 공부의 달인이 될 수 있다.

해마는 무엇인가?

해마는 '기억 창고', '기억의 제조 공장', '기억 카메라', 'RAM 메모리', '지식 공장' 등 수많은 별명을 가지고 있는 곳이다.

해마는 귀 뒤쪽 깊숙한 곳에 있는 뇌 일부분으로 두께 1cm, 길이 5cm 정도이다. 새끼손가락을 약간 구부린 모양과 비슷하며, 작은 원통형 모양의 기억 중추라고 생각하면 된다.

해마라는 이름의 유래는 그리스 신화에 나오는 바다의 신 포세

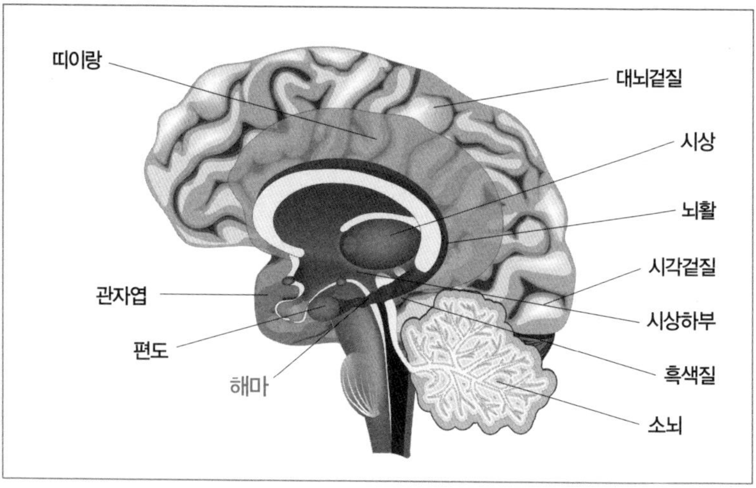

이돈이 타고 다녔던 해마와 비슷하다고 해서 붙여진 이름이다. 그리스 신화에 등장하는 해마는 말(hippos)의 머리와 물고기의 꼬리를 가진 괴물이다. 사실 뇌의 단면도에서 해마를 보면 포세이돈이 타고 다녔다던 해마와 전혀 닮지 않았다. 아무래도 처음 이름을 만든 사람의 상상력이 지나치지 않았나 생각된다.

작지만 위대한 해마

해마는 새끼손가락만 한 크기의 작은 부위이지만, 학습과 기억 대부분을 담당하는 아주 중요한 곳이다. 그래서 기억의 창고라고 불리며, 특히나 냄새에 민감하다. 기억력이 좋고, 공부를 잘할수록 해마가 크다. 반대로 공부를 하지 않고, 기억에 별 노력을 기울이지 않으면 해마는 점점 작아진다. 우리 뇌의 신경세포는 나이가 들수록 서서히 줄어든다. 그러나 사용할수록 커지는 유일한 곳이 바로 해마이다.

학창 시절에 밤새워 공부하고 시험을 보는데 주관식 답이 가물가물할 때가 있지 않았는가? 그건 바로 해마가 제대로 작동하지 않아서이다.

해마는 수문장이다

조선 시대를 배경으로 한 사극을 보면 한양도성에 들어오기 위해서는 관문을 통과해야 한다. 신분이 확실하고 중요한 사람은 들여보내고, 누군지 모르거나 의심스러운 사람은 돌려보낸다. 이런 수문장(守門將)의 역할을 하는 것이 바로 해마이다. 우리가 낮에 보고 듣는 모든 것은 해마라는 수문장에게 필요한 정보로 인정받아야 관문을 무사히 통과해, 장기기억으로 될 자격이 주어진다. 해마 수문장에게 심사받는 기간은 약 한 달 정도이다. 해마 수문장의 심사기준은 아주 까다롭고 엄격하기 때문에 웬만한 정보는 한 번에 통과하지 못한다.

그렇다면 어떤 정보가 필요한 정보라고 인정받아 관문을 무사히 통과해 장기기억이 될 수 있을까? 오늘 영어 시간에 배운 '5형식 사역동사에서 목적어가 대상일 때에는, 목적격 보어가 동사원형이 아닌 과거분사가 나온다'가 해마 수문장을 통과할까? 아니면 수학 시간에 배운 '실수 k에 대하여 원 x2+y2=r2와 직선 y=x+k가 만나는 두 점을 각각 A', B'라 할 때, A, B에서 x축에 내린 수선의 발을 A', B'라 하고, 직선 y=x+k가 x축과 만나는 점을 C라 하자. 두 삼각형 ACA'와 BCB'의 넓이의 합을 구하라'가 관문을 통과할까?

진심으로 아쉽지만 둘 다 아니다. 해마 수문장의 관문 통과 허가의 기준은 '생존에 필요한 정보인가'이다. 사역동사나, 원의 방정식을 모른다고 해서 생존이 위협받는 게 아니다. 그래서 고등학교 1학년 과정은 공부를 해도 기억이 나지 않는 것이다.

생각해보자. '냄새가 나는 썩은 우유를 마셨다가 식중독에 걸려 고생한 기억' 또는 '계단에서 뛰어오르다가 넘어져서 정강이가 파랗게 멍든 기억'과 오늘 낮에 배운 사역동사와 원의 방정식 중 뭐가 생존에 꼭 필요한 정보인가? 사역동사와 원의 방정식은 몰라도 살아가는 데 전혀 지장이 없지만, 썩은 우유와 위험한 계단은 생명을 위협할 수 있는 정보이다. 그래서 해마는 썩은 우유를 마시지 말 것을, 위험한 계단에서는 뛰지 말 것을 저장한다.

해마의 성격이 까칠한 이유

해마는 성격이 아주 까칠하다. 조금만 마음에 들지 않아도 정보를 해마 속으로 들이지 않는다. 그 이유는 바로 바로 뇌의 에너지 비효율성에 있다. 뇌는 사람이 소비하는 전체 에너지 중 20%를 사용한다. 뇌의 무게는 1.45kg이고 체중의 2%에 불과한데 에너지의 20%를 소비하다니. 얼마나 비효율적인가. 특히 단기기억을 장기기억화하기 위해서는 더 많은 에너지를 소비해야 한다. 만약 생존에 필요하지도 않은 정보를 마구잡이로 뇌에 저장한다면 에너지가 낭비되어 버린다. 뇌에서 일어날 수 있는 에너지 낭비를 줄이기 위해 해마는 생존에 불필요한 정보를 통과시키지 않고 꼼꼼히 따져서 꼭 필요한 것만 들여보내는 것이다.

만약 뇌가 한 번 본 것을 모두 장기기억화하면 우리의 삶은 과도한 기억으로 괴로울 것이다. 그러므로 아이가 "새벽 4시까지 공부하고 시험 봤는데, 망했어!"라고 울상을 지어도 어쩔 수 없다. 아이의 해마가 자기 일을 제대로 한 것일 뿐이다. 인간은 기억보다 망각에 능하다.

내 아이의 해마가 자기 일을 제대로 못하면 어떨까? 학교에서 배운 거의 모든 수업을 기억하고, 단어장을 2주 만에 외우고, 책 한 권을 4개월 만에 외우면 얼마나 좋을까? 사실 해마를 잘 속이는 사람들을 우리는 '영재' 또는 '천재'라고 한다. 한마디로 영재와 천재는 '해마 사기꾼'이다.

해마를 속이는 방법

해마를 어떻게 속일 수 있을까? 그것은 바로 해마의 절친한 친구 '편도체'와 '우뇌'를 활용하는 것이다. 편도체와 우뇌의 자세한 설명은 뒤에서 하고 일단은 해마에게만 집중하겠다. 해마의 두 친구를 사용하지 않는 유일한 방법은 바로 반복이다.

뭔가를 반복하면 해마는 반드시 속는다. 해마가 고리눈을 부릅뜨고 관문을 지키고 있더라도, 매일 해마 수문장에게 눈도장을 찍는 것이다. 오늘 통과 못했으면 내일 또 가고, 또 가다 보면 '매일 보던 놈이네?' 하며 해마 수문장은 어느 순간 문을 연다. 왜냐하면 해마는 '이렇게 매일 끈질기게 오는 데는 뭔가 이유가 있을 거야. 분명 중요한 정보일 거야'라고 판단하기 때문이다. 그리고 더 재미있는 사실은 매일 찾아왔던 정보와 비슷하게 생긴 정보는 다 통과시킨다는 사실이다. 해마 수문장은 매일 찾아와 자신을 괴롭혔던 정보를 기억하며 '오늘 처음 들여보낸 정보처럼 생긴 애들은 한번에 안 들여보내면 매일 찾아와 괴롭힐 수 있으니 비슷하게 생긴 애들은 일단 통과시켜야겠어!'라고 생각한다.

뇌 과학적으로 공부는 반복 훈련일 뿐이다. 그러므로 공부한 내용을 금방 잊었다고 해서 자신의 머리를 탓하거나 실망할 필요는 없다. 뇌는 망각에 익숙한 기관이기에 당연한 결과이다. 공부한 내용을 자꾸 잊는다고 해도 포기하지 말고, 보고 또 보면 뇌는 그 정보를 장기기억으로 만들어 버린다. 해마를 속이는 가장 확실한 방법은 바로 보고 또 보는 것이다.

해마로 복습 효과를 높이는 법

해마는 뇌에 들어온 정보를 둘지, 제거할지를 결정하는 기관이다. 그리고 정보를 판단하는 기간은 정도의 차이는 있지만, 약 한 달이다. 한 달을 두고 필요한 정보는 남기고, 불필요한 정보는 제거한다. 그러므로 공부를 하고 한 달간 복습하지 않으면, 처음부터 다시 공부해야 한다.

해마는 똑같은 정보를 신뢰한다. 그래서 내용은 같지만 책이 다르거나 자신의 노트가 아닌 다른 사람의 노트로 공부할 때에는 효과를 보기 힘들다. 복습할 때는 같은 책, 같은 노트로 같은 내용을 공부해야 한다는 사실을 명심하길 바란다.

또한 해마는 출력을 좋아한다. 뇌에는 입력과 출력이 있다. 물론 입력하지 않은 정보를 출력할 수는 없다. 수학 공식을 외우는 것은 입력이고, 외운 공식으로 문제를 푸는 것은 출력이다. 입력된 정보를 해마에 깊게 각인하기 위해서는 출력해 보는 게 좋다. 우리의 뇌는 '출력 의존형 구조'를 가지고 있어서 압도적으로 출력을 중요시한다.

공부를 잘하기 위해서는 공부한 내용을 한 달 안에, 전에 봤던 책과 노트로 한 번 더 복습하고, 문제를 풀어보면 된다.

CHAPTER 13

암기 천재 지수·지영이의 특별한 공부법(3)_우뇌 공부법/편도체 공부법

"이 일을 할 수 있을까?"라고 절대, 절대 묻지 마라.
지금부터는 "이 일을 어떻게 할 수 있을까?"라고 묻기 시작하라.

댄 자드라(Dan Zadra) 《파이브》 중에서

우뇌 공부법

30대 중반의 A씨는 오랜만에 대학 동문회에 갔다가 정말 친했던 친구를 만났다. 반갑게 다가가 "○○야, 정말 오랜만이다!"라고 하고 싶은데, 친구의 이름이 도무지 생각나지 않는다. 학창 시절 가장 친했고, 허구한 날 무리 지어 놀았던 친구인데 이름이 생각이 안 나다니 스스로도 황당하다. 그 친구와 갔던 술집, MT, 하다못해 시시콜콜한 추억까지 다 기억하는데, 신기하게 그 친구 이름만 생각이 안 난다.

고등학생 B군은 지금 중간고사를 보고 있다. 예상했던 주관식 문제가 나왔다. '역시 선생님이 이번 시험에 꼭 낸다고 했는데 정말로 내셨네?' 하며 신나게 답을 쓰려는 순간, 답이 생각이 안 난다. 분명히 아는 문제다. 교과서 어디쯤 나오는지와 그 페이지에 어떤 그림이 있는지도 알고 있다. 그리고 중요하다고 빨간색 볼펜으로 별표까지 쳤건만 정작 답은 생각이 안 난다.

대학생 C씨는 미용실에 미국 유명 여배우의 사진이 크게 걸려 있는 것을 봤다. 그 여배우 사진을 보니 예전에 봤던 영화들의 장면들이 스크린 필름처럼 스쳤다. 그런데 제목이 생각나지 않는다. '그 영화 제목이 뭐지?' 정말 좋아했던 영화다. 몇 번이고 보며 눈물 흘렸던 영화인데 제목이 기억나질 않는다.

왜 아는데 생각이 안 날까?

도대체 왜 생각이 나지 않을까? 그건 바로 우뇌 때문이다. 가끔 위의 사례처럼, 분명히 아는 사실인데도 '말로 표현할 수 없는 경우'가 있다. 우뇌가 뇌에 저장된 정보를 좌뇌에 전달은 하지만, 좌뇌가 언어로 표현하지 못하는 경우에 발생하는 문제이다.

우뇌의 기억 용량은 좌뇌보다 10배 이상 크다. 어떤 연구자는 우뇌 용량이 좌뇌의 100배 이상이라고 주장하기도 한다. 왜 인간의 좌뇌와 우뇌의 용량은 이렇게 차이가 날까?

그 원인은 좌뇌와 우뇌의 담당하는 기능 차이 때문이다. 그림과 영상을 기억하는 우뇌의 기능은 언어 기능을 가진 좌뇌보다 기억이 오래 남는다. 특히, '기쁨, 슬픔, 행복, 즐거움, 분노'와 같은 감정에 관련한 기억은 오래 남는다.

좌뇌와 우뇌의 차이

시카고 대학교 신경생물학과 교수였던 로저 스페리(Roger Sperry)가 좌뇌와 우뇌가 분리된 환자들을 연구하여 노벨 생리의학상을 받은 이래, 좌뇌·우뇌의 기능 분담설이 정설로 인정되고 있다. 물론 좌뇌와 우뇌는 따로 떨어져 있는 게 아니라 희끄무레한 물질로 연결되어 있는데, 이 물질을 '뇌량(corpus callosum)'이라고 한다. 뇌를 연결하는 다리라는 말로, '뇌들보'라고도 한다.

뇌량은 2억 5,000만 개의 신경섬유로 구성되어 있으며 초당 40억 개의 정보를 주고받는다. 즉, 뇌량은 좌뇌와 우뇌의 정보를 즉각 맞바꾸어 주는 역할을 한다. 뇌량의 역할 덕분에 한쪽 뇌가 하는 일을 다른 한쪽 뇌가 바로바로 알 수 있는 것이다. 예를 들어, 우뇌에서 강아지 영상을 생각하면 뇌량을 통해 좌뇌로 넘어가 "강아지" 하고 말할 수 있다.

그러고 보면 인간이란 아주 독특한 뇌 구조를 가지고 있다. 하나의 뇌 속에 서로 담당 분야가 다른 좌뇌와 우뇌가 있다. 즉, 인간의 뇌 속에 서로 다른 두 개의 인격체를 가지고 서로 밀접하게 연락을 취하며 현재 상황에 대처하고 미래를 계획하는 존재라는 생각을 해 보았다.

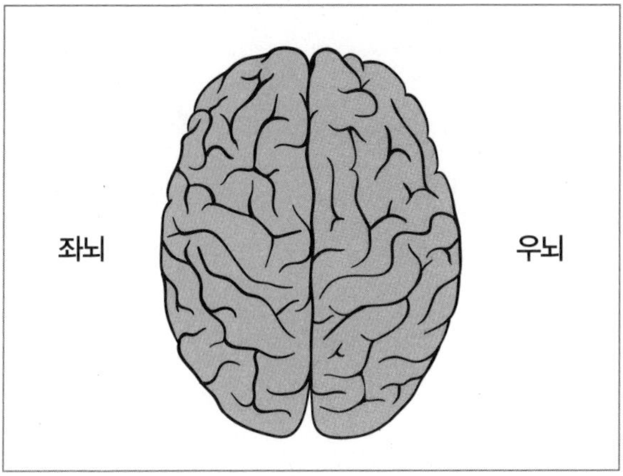

● 좌뇌와 우뇌의 역할 ●

좌뇌 (이성의 뇌, 디지털 뇌)	우뇌 (감성의 뇌, 아날로그 뇌)
읽기, 쓰기, 말하기 계산 소리와 음의 인식	음악 감상 패턴과 공간 인식 그림과 영상 표정 읽기

좌뇌는 일반적으로 '언어의 뇌'라고 하며, 말하는 기능을 비롯해 음이나 소리를 인식한다. 그리고 논리적인 사고를 담당하고 있어서 숫자나 기호를 기억하고, 읽기와 쓰기 그리고 단순한 계산을 주로 한

다. 우뇌는 감성과 공간의 인식을 담당하고, 시각으로 들어온 모든 정보를 전체적으로 파악한다. 특히 감정에 민감하여 음악과 미술 등을 감상하고, 예술 활동을 할 수 있게 해준다.

그래서 좌뇌에 이상이 있는 사람에게 볼펜을 보여주면, 볼펜이라는 것은 인식하지만 말을 하지 못한다. 그러나 볼펜을 그려보라고 하면, 정확히 그릴 수는 있다.

반대로 우뇌에 이상이 있는 사람에게 '볼펜'이라고 따라 하라고 하면 정확히 따라는 하지만, 그림을 그리지는 못한다.

공부의 달인은 우뇌를 사용한다

아인슈타인은 "나는 언어로 생각하지 않는다. 생기 있게 움직이는 형태와 영상으로 생각한다"라고 말했다. 아인슈타인이 우뇌형 인간이란 말이다. 우뇌를 주로 사용하는 사람은 책을 읽을 때, 글을 좌뇌의 언어나 논리로 분석하는 동시에 우뇌로 그림이나 영상으로 이해하고 저장한다.

혹시 이런 경험이 있는가? 책을 읽는데 방금 무엇을 읽었는지 모르겠거나, 국어 시험을 볼 때 지문을 다 읽었는데 무슨 내용인지 전혀 파악이 안 될 때 말이다. 그건 바로 좌뇌는 활동했지만, 우뇌가 움직이지 않아서이다.

우뇌를 잘 사용하는 사람이라면 좌뇌로 글을 읽고 우뇌로 자신의 기억에 비추어 영상으로 만들고 감성을 자극한다. 평소에 학습력이 뛰어나고 창의성과 사고력이 풍부한 대부분의 사람은 바로 이런 우뇌를 효과적으로 활용한 사람들이다. 하지만 아무리 뛰어난 우뇌를 가졌어도 좌뇌의 기능이 떨어지면 말은 일이나 공부를 할 수 없다. 한마디로 생각한 것을 언어로 옮길 수 없다는 뜻이다.

우뇌 독서법

우뇌를 제대로 사용하기 위해서는 어떻게 책을 읽고 공부해야 할까? 바로 글을 읽음과 동시에 내용을 그림으로 떠올리는 것이다. 앞에서 말했다시피 공부하거나 책을 읽을 때 문장을 그림이나 영상의 이미지로 떠올리며 읽으면 읽는 속도가 빨라지고 읽은 내용도 오랫동안 기억할 수 있다.

그렇다면 왜 무작정 읽기만 하면 금방 잊는 것일까? 유감스럽게도 좌뇌의 언어를 담당하는 기억 용량은 그리 크지 않다. 기억 용량이 작으면 컴퓨터처럼 외장하드를 두면 된다. 그리고 좌뇌의 대용량 외장하드가 바로 우뇌이다.

수업을 듣다가 이해가 안 되는 부분이 있으면 교과서에 관련된 그림이나 낙서를 해보자. 교과 내용에 관련한 이미지는 우뇌를 자극해 기억을 강화하는 데 탁월한 효과가 있다.

영어 단어를 외울 때도 마찬가지다. 도저히 외워지지 않는 단어가 있으면 단어장에 그 뜻에 관련된 그림을 간단히 그려보자. 그림에 말풍선을 만들어 대화하듯이 그리면 효율적이다. 단어 외우기가 힘든 학생이라면 바로 시작해보라.

"단어장에 그림을 그려 봐."

"그림 그릴 시간에 단어 하나 더 외우겠어요."

이런 이야기는 수없이 들었다. 천천히 그림을 그리며 단어를 외워도 한 달이면 단어장 한 권의 그림을 완성하고 외울 수 있고, 일 년이면 그림 그리며 외운 단어장을 수십 번 반복할 수 있다. 마음이 급해 좌뇌만 사용해 단어를 외우는 아이들은 결국 3년 동안 단 한 권의 단어장도 제대로 외우지 못하고 졸업한다. 즉, 우뇌를 사용하면 한 달이면 외울 것을 좌뇌만을 사용하는 아이들은 3년을 외워도 못 외운다.

우뇌의 기억 용량을 사용하지 않고서는 공부에서 좋은 결과를 볼 수 없다.

초등 우뇌 독서법

좌뇌는 자전거, 우뇌는 자동차와 같다. 배움에 속도를 내겠다고 수천만 원짜리 자전거로 바꾼들, 수백만 원짜리 소형차조차 따라갈 수 없다. 즉, 좌뇌 학습에 아무리 시간과 노력을 투자해도, 우뇌를 활용한 학습은 절대로 따라갈 수 없다.

그렇다면 '우뇌 독서법'은 어떻게 하는 걸까?

우뇌 독서법은 책을 읽으면서 빠르게 영상화하는 것이다. 처음에는 어렵다. 속도도 느리고, 집중이 잘 안 된다. 특히 나이가 많을수록 쉽지 않다. 하지만 어릴 때부터 우뇌 독서법을 연습하면 공부에 큰 도움이 된다.

내가 만든 우뇌 독서법은 앞서 소개한 하시모토 다케시의 '슬로 리딩'을 바탕으로 교육 신경학을 접목해 만든 프로그램이다.

우뇌 독서법을 시작한 지 2년 6개월이 지났다. 그동안 진행한 초등 우뇌 독서법과 그 과정을 설명하도록 하겠다. 우뇌 독서법은 누구나 할 수 있고, 필요한 것도 '책, 국어사전, 노트' 이렇게 세 가지만 있으면 된다. 먼저 오래 읽어도 좋을 양서로 박완서 작가의 《그 많던 싱아는 누가 다 먹었을까》를 선택했다. 그리고 초등용이 아닌 성인용 국어사전과 집에 있는 노트를 가지고 시작했다. 물론 실험자는 나고, 실험에 참여한 아이는 초등학교 1학년에 갓 입학한 나의 딸과 아파트 앞 동에 사는 지인의 딸, 이렇게 두 명이다. 일주일에 2회씩, 회당 2시간으로 일주일에 총 4시간 우뇌 독서를 시작했다. 먼저 아이들에게 책을 한 페이지씩 소리를 내서 읽게 하고, 읽은 부분을 베껴 쓰게 했다.

책을 소리 내어 읽게 한 이유는 일본 도호쿠 의과대학 가와시마 류타 교수의 이론을 참고한 것이다. 가와시마 류타 교수의 실험에 의하면 글을 소리 내어 읽었을 때 뇌의 활성화하는 부위는 묵독했을

때와 비슷하지만, 전체적으로 범위는 확장된다고 한다. 특히 '사물을 생각하거나 기억할 때에 움직이는' 전두엽과, '말의 의미를 이해하려고 할 때 움직이는' 베르니케 영역이 더욱 많이 활성화한다. 즉, 활동하는 범위가 대뇌의 70% 이상인 것이다. 나는 실제로, 낭독만큼 뇌가 활성화하는 경우를 본 적이 없다. 수백 가지의 실험 가운데 으뜸으로 영어 문장을 소리 내어 읽을 때도 마찬가지다.

낭독에 의해 뇌가 활성화한다는 것은, 뇌에 혈액순환이 좋아진다는 말이다, 그러므로 낭독은 머리의 '준비운동'에 해당한다. 실제로 낭독을 하면 집중력이 향상된다.

이렇게 한 페이지를 소리 내서 읽고 베껴 쓰고 난 뒤, 모르는 단어에 빨간 펜으로 밑줄을 긋고 국어사전을 찾게 했다. 국어사전 찾는 법을 가르치는 데만 해도 시간이 한참 걸렸다. 가끔 '사전찾기 대회'

를 열어도 좋다. 사전을 찾아서 몰랐던 단어의 뜻을 노트에 정리하고 나서, 읽은 페이지의 내용을 노트 한쪽에 그림으로 표현하게 했는데, 처음 일 년은 정말 마음을 비워야 한다. 책의 내용을 잘못 파악해 엉뚱한 그림을 그리기 일쑤고, 사전을 잘못 찾아 책을 엉뚱하게 이해하기도 다반사였다.

하지만 이런 실수도 시간이 흐를수록 횟수가 적어지고 점점 정확히 글의 내용을 파악하기 시작했다. 사전에서 찾은 단어가 너무 많은 때에는 아이들이 원하는 단어로 글짓기를 시키기도 했다. 이렇게 2년 6개월을 우뇌 독서에 할애했다. 초등학교 6년에 걸쳐서 실행할 프로그램이라서 아직 3년 6개월이 남았다. 기회가 된다면 프로그램이 다 끝나면 전 과정을 설명하겠다.

편도체 공부법

편도체 공부법은 '감정 공부법'이라고 할 수 있다. 여러분이 과거에 겪은 일을 떠올려보자. 무엇이 떠오르는가? 주로 생각나는 건 행복했던 기억이나, 괴로웠던 기억, 슬펐던 기억들일 것이다. 그 기억들을 우리는 '추억'이라고 부른다.

기쁘고, 행복하고, 슬프고, 화나는 감정은 뇌 깊은 곳에 있는 아몬드 모양의 편도체라는 곳에서 생긴다. 이 편도체가 활성화함으로써 우리는 감정을 느끼고, 감정을 통한 추억을 뇌 속에 각인시킨다. 감정이 담긴 기억은 일반적인 기억에 비교해 오래 간다.

또한, 편도체는 전두엽에도 신호를 보내 사물에 대한 집중력을 지속시키기도 한다. 그래서 공부할 때 공부한 내용에 감정을 쏟으면 쉽게 집중하고 기억이 오래간다.

예를 들어 국사 시간에 대한제국의 국권이 일본으로 넘어간 경술국치(1910년)를 배웠다면 '이완용, 윤덕영, 민병석, 고영희, 박제순, 조중응, 이병무, 조민희'가 나라를 일본에 팔아먹는 장면을 상상해 보자. 매국노 8명이 자신의 이익을 위해 앞다투어 나라를 팔고, 민생이 도탄에 빠졌다고 생각하면, 화가 나고 분노가 치민다. 화가 나고 분노하는 감정은 편도체를 활성화키기 때문에 여러분은 경술국치를 장기기억으로 바꿀 수 있다.

편도체가 단기기억을 장기기억으로 바꾸는 이유

편도체가 장기기억을 촉진하는 이유는 인간의 진화 과정에서 엿볼 수 있다. 수만 년 전의 인간을 상상해 보자.

어느 언덕을 지나가다가 늑대 무리를 보았다. 다행히 인간이 늑대 무리를 먼저 발견했기에 망정이지, 늑대 무리가 먼저 발견했다면 결과는 불 보듯 뻔하다. 늑대를 발견한 인간은 공포에 떨며 숨죽여 숨거나 도망쳤을 것이다. 그런데 그 공포를 금방 잊는다고 가정해 보자. 한 번쯤은 운 좋게 살아남을 수 있겠지만, 그 운은 두 번 따라주지 않을 것이다. 그래서 뇌는 공포와 감정을 느낀 순간을 오래도록 기억에 저장해 두는 것이다. 다시는 그 계곡에 가지 않게 하려고 말이다.

기쁘고 행복한 추억도 마찬가지다. 수만 년 전의 인간이 양들이 빼곡히 있는 언덕을 발견했다 상상해 보자. 무척 기뻤을 것이고, 부족 사람들을 빨리 데리고 와야 하므로 그곳의 지형과 위치를 정확히 기억해야 했을 것이다. 그래서 기쁘고 행복할 때의 기억을 장기기억화했던 것이다.

인류가 문명화되면서 감정에 관한 기억을 '추억'이라 부르기 시작했다. 왠지 추억이라는 말을 들으면 마음이 훈훈해지면서 인간미 넘

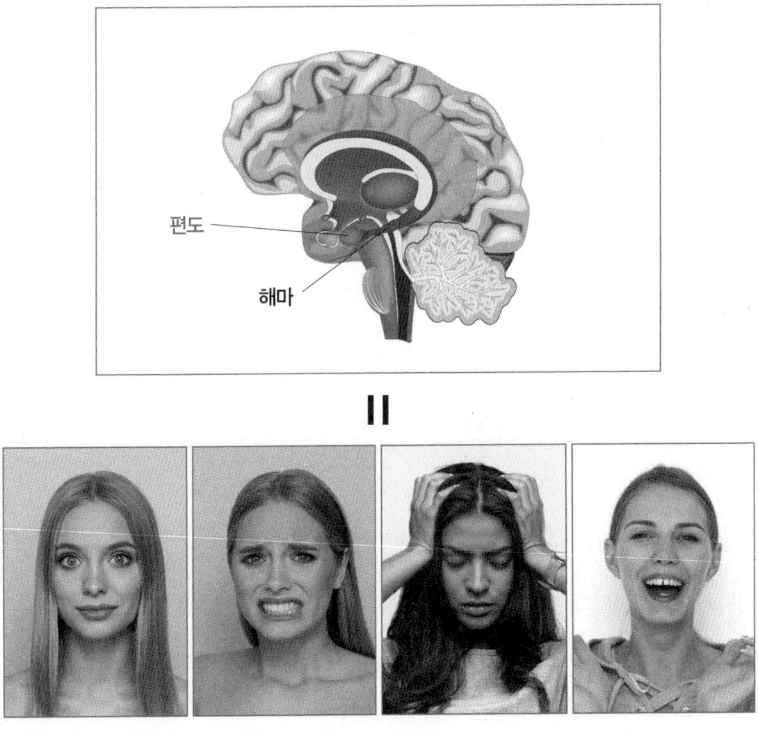

치는 것처럼 느껴지지만, 사실은 인간이 동물이던 시절에 각인한 생존을 위한 투쟁의 흔적이다. 그래서 뇌는 감정이 얽힌 경험을 확실히 장기기억하기 위해 편도체를 이용해 뇌 속 깊이 정보를 각인하기 시작했고, 지금도 그 흔적이 남아 있는 것이다.

인간과 마찬가지로 동물에게도 편도체는 생존에 중요한 의미가 있다. 동물도 위험하고 두려웠던 사건을 잘 기억해 두었다가 다음에 비슷한 상황에 직면했을 때 위기를 슬기롭게 헤쳐 나간다.

편도체가 장기기억을 촉진하는 현상은 동물이건 인간이건 뇌에 있는 독특한 성질이다. 오늘날 인간이 늑대나 호랑이를 만나 위험을 느낄 일은 거의 없다. 하지만 진화의 과정에서 남아있던 편도체의 특별한 능력은 아직도 인간의 뇌에 고스란히 남아 있다. 그래서 감정이 들어간 기억은 해마를 거쳐 장기기억으로 전환되는 것이다.

앞서 해마의 절친한 친구가 편도체라고 했다. 그건 해마가 감정 중추인 편도체와 딱 붙어 있기 때문이다. 이들은 서로 영향을 미치며, 감정에 취한 정보는 '뇌가 홍겨워해' 쉽게 장기기억으로 전환된다.

공부 달인의 진짜 비결

학습이란 입구가 좁은 빈 병에 물을 채우는 것과 같다. 멀티태스킹을 하며 공부하는 것은 수증기로 유리병에 물을 채우려는 것과 같다. 즉, 잘못된 공부법은 양동이에 물을 담아 병에 붓는 게 아니라 병

주변에 붙는 것이다. 좌뇌로만 공부해 양동이에 물을 가득 담아 입구가 좁은 병에 들이 붓는다 한들 얼마나 병에 들어갈 수 있겠는가. 양동이에서 나온 물 대부분은 병 안으로 들어가지 못하고 밖으로 흘러버릴 것이다.

뇌 과학을 이용해 공부하는 것은 입구가 좁은 물병에 깔때기를 대는 것이다. 그 공부 깔때기에는 반복 학습, 우뇌 학습, 편도체 공부법, BDNF, 유대인 공부법, 교육 환경 등이 해당한다. 다시 말해 효율적인 공부를 위해서는 '공부법'을 알아야 한다.

CHAPTER 14

A10 신경의 즐거움, 은혜

골프에서 우승한 이유요? 바로 즐기는 거죠!

타이거 우즈(Tiger Woods)

은혜 스토리

"은혜야! 밥 먹어라."

부엌에서 엄마가 소리쳤는데 아무런 대답이 없다.

"은혜야 밥 먹으라니까!"

은혜 방을 향해 한 번 더 소리를 질렀지만 감감무소식이다.

"또 시작이야."

방문을 열고 들어가니 은혜가 책상 앞에 앉아 공부에 집중하고 있다. 방 안에 냉기마저 흐르는 것 같았다. 갑자기 큰소리를 내면 은혜가 놀랄까 봐 다가가서 살며시 말했다.

"은혜야, 밥 먹어."

그제야 은혜는 고개를 돌리며 말했다.

"응, 5분만 더 공부하고."

엄마는 은혜가 말한 5분은 50분이 될 수 있다는 걸 경험상 너무나 잘 알고 있는 터라 단호하게 말했다.

"안 돼, 지금 먹어야 해. 지금 안 먹으면 상을 다시 차려야 해서 엄마가 너무 힘들어."

은혜가 빙그레 웃으며 의자에서 일어났다.

은혜는 정말 공부했을까? 그렇다. 정말 공부만 했다. 은혜에겐 그 흔한 스마트폰도, MP3나 태블릿도 없다. 단 한 번도 이런 기기를 사달라고 한 적도 없고, 있는 것이라고는 오래된 2G폰밖에 없다. 거실에 컴퓨터가 있긴 하지만 은혜는 쓰지도 않는다.

아이들을 가르치다 보면 신기한 원칙이 있다. 공부를 잘하는 아이들은 공부를 하려고 컴퓨터를 치워달라고 하지만, 공부를 못하는 아이들은 공부를 하려면 꼭 컴퓨터가 자기 방에 있어야 한다고 주장한다. 은혜가 그랬다. 거실이 좁아 컴퓨터를 은혜의 방에 두려고 했는데, 은혜가 공부에 방해가 된다고 해 컴퓨터를 거실 신발장 옆에 놓고 쓴다고 한다.

하루는 중학교 1학년 담당 영어 선생님이 나에게 와서 이야기를 했다.

"원장님! 정말 뛰어난 아이가 있는데, 그냥 1학년 반에 두면 안 될 것 같습니다."

그 아이가 은혜였다. 은혜를 불러서 테스트해보니 말그대로 뛰어난 아이였다. 갓 중학교에 입학한 아이가 이미 고등학교 2학년 수준을 넘어서 있었다. 그래서 담당 수학 선생님을 불러 은혜에 대해 물어보니, 영어 선생님과 같은 의견이었다. 그렇다고 중학생을 고등학생 반으로 옮길 수는 없는지라 선생님들과의 회의 끝에 새로운 반을 만들기로 했다. 사실 학원에서 한 아이 때문에 반을 새로 만드는 건 보통 일이 아니다. 비용도 들고 선생님들 시간도 조정해야 한다. 그래서 내가 직접 가르치기로 하고 은혜 엄마와 상담을 했다. 은혜는 조용하고, 차분하고, 교우 관계가 좋으며, 무엇보다 공부를 좋아한다고 했다. 수업 중에 잠시 은혜에게 물어봤다.

"은혜야, 너는 공부가 왜 재미있니?"

"모르는 걸 알아가는 게 재미있어요."

이 말을 들으니 말문이 막혔다. 공부하는 게 재미있어서 한다는데 물어볼 게 뭐가 더 있단 말인가?

은혜 엄마는 은혜가 공부를 너무 많이 해서 건강을 해치지 않는지, 친구와 사이가 틀어지는 건 아닌지 걱정이 많았다. 하지만 은혜는 공부할 때 말고는 잘 뛰어놀고 별거 아닌 일에 잘 웃는 평범한 중학교 1학년 학생이었다.

은혜는 중학교 1학년 2학기에 시험 삼아 친 토익에서 만점에 가까운 점수를 받았다. 은혜의 친구들은 딱 자신의 신발 사이즈만큼 토익 점수가 나왔다. 은혜는 중학교 졸업할 때까지 체육을 제외한 전 학년 전 과목에서 만점을 받았다. 고등학교 3년 동안도 성적은 비슷했다.

불행한 전교 1등을 본적이 있는가? 정말?

TV를 보면 전교 1등을 불행하게 묘사한다. 엄격한 부모님 아래에서 억지로 공부하고, 전교 1등을 했으나 언제 그 자리를 빼앗길지 몰라 전교 2등을 모함한다. 때로는 비열한 짓을 하는 등 성적을 위해서는 수단과 방법을 가리지 않는 것으로 묘사한다.

전교 1등은 정말로 불행할까? 정말로 수단과 방법을 가리지도 않을까? 여러분의 학창 시절을 생각해보자. 공부 잘하는 친구들이 불행한 것을 본 적이 있는가? 전교 1등을 해본 사람이 있다면 더 잘 이해할 것이다. 불행했는가? 나쁜 짓을 했는가? 아닐 것이다.

나는 지금껏 전교 1등이 스스로 불행하다고 생각하거나 나쁜 짓 하는 것을 본 적이 없다. 초·중·고 12년과 대학 석·박사 과정까지 대략 10년, 총 22년간 학업을 이어오면서 공부를 잘해서 불행한 사람은 본 적이 없으며, 18년간 수많은 공부 잘하는 아이를 가르쳐오면서도 경험해본 바 없다.

한 번 비교해보길 바란다. 공부 잘하는 아이들이 불행한지, 아니면 공부 못하는 아이들이 불행한지. 그리고 공부 잘하는 아이들이 비행을 저지르는지, 못하는 아이들이 비행을 저지르는지 말이다.

대치동 학원가에 아이들의 바쁜 일상을 소개하면서 그 아이들이 놀 시간이 없어 불쌍하다고 이야기한다. 그렇게 말하는 사람들에게 꼭 보여주고 싶은 것이 있다. 중소도시에 가면 대학에 진학시키지 못하는 인문계 고등학교와 실업계 고등학교가 유독 많다. 그 아이들은 오후 5시에 학교를 마치고, 그대로 집에 가서 놀거나 아르바이트를 한다. 고등학교 졸업 즈음에는 학교에서 실습을 나가 어른도 힘들어 하는 일도 한다. 학창 시절에는 경험하지 않아도 될 힘들고 아픈 경험이다.

공부에 관심을 쏟는 대치동 아이들과 중소도시에서 대학을 못 간 아이들이 고등학교 졸업 후 격차가 생길 수밖에 없는 것이 현실이다.

누가 더 행복할까?

내가 어릴 때 우리 집은 농사를 짓고 과수원을 했다. 농번기에 일손이 바쁠 때는 온 가족이 다 나설 수밖에 없었다. 찌는 듯한 더위에 자리에 한 번 앉지도 못하고 일을 한 적이 있었다. 너무 힘들어 탈진할 것만 같았다. 그때 세상에서 제일 편한 게 공부란 걸 알았다.

그리고 30년 후에 학회 세미나가 있어, 교수들과 박사들이 한 차에 타고 강원도 양양 어딜 지날 때였다. 평생 서울에만 살았다는 한 박사가 농민들이 농사를 짓는 모습을 보며 이렇게 이야기했다.

"나도 농사나 짓고 살걸 그랬어. 시간도 많고, 얼마나 한가로워. 잠깐 일하고 새참하고 막걸리 마시면서 농사나 짓고 살면 얼마나 좋을까?"

그래서 내가 그에게 물었다.

"네가 보기엔 저 모습이 정말 한가롭고 편해 보이냐?"

"맞잖아. 농사 한철하고 나면 계속 노는 거 아니야? 우리는 맨날 강의하고, 채점하고, 논문 지도하고, 논문 써야 하고. 농민들이 우리보다 훨씬 속 편하고 행복한 사람들이지."

그 친구의 순진하고, 어처구니없는 말에 기가 막히고 속이 상했다. 하루 스무 시간을 일하고 노력해도 적자에 허덕이며, 눈물 짓던 부모님이 생각나서 나도 모르게 울컥했다.

여러분도 혹시 중소도시를 지나가며 일찍 하교하는 학생들을 보고 이런 생각을 하는 건 아닌가? '니들은 시간 많고 여유로워서 좋겠다. 대치동 애들은 매일 학원 다니느라 힘든데'라고 말이다.

공부를 재미있게 만드는 A10 신경의 힘

우리의 뇌에는 인간 특유의 사고와 행동에 깊이 관여하는 부위가 있다. 그 부위는 기억을 주관할 뿐 아니라 학습에도 중요한 역할을 한다. 그리고 그 기억을 주관하는 부위에 큰 영향을 미치는 것이 바로 'A10 신경'이다.

이 A10 신경은 지금까지 운이 좋았던 일, 성공한 일, 기분 좋은 경험을 바탕으로 다음 행동의 양식과 발상을 강화하는 기능을 한다.

A10 신경에는 장단점이 있다. 먼저 단점부터 알아보자.

D씨는 생전 처음 주식 투자를 해보는 사람이다. 지인의 소개로 주식을 1,000만 원에 매수했는데, 얼마 지나지 않아 5배가 상승해 5,000만 원이 되었다. 별 기대 없이 여분의 돈으로 투자해봤다가 순식간에 자신의 연봉만큼 번 것이다.

이때 D씨는 A10 신경이 자극되어 쾌감에 빠지게 된다. 잠깐 쾌감에 빠지고 자신의 행운에 축하하면 될 것을 A10 신경은 D씨를 가만히 놔두지 않는다. A10 신경에서 주는 쾌감은 너무 강렬해서 빠져나올 수가 없다. 그래서 D씨는 수중에 있는 돈뿐 아니라 가족과 지인의 돈까지 몽땅 빌려 큰돈을 투자했고, 결국 시장이 꺾이면서 주가는 폭락하고 말았다. 결국 사람도 잃은 것이다. 이와 비슷한 사례는 우리 주위에서 얼마든지 찾아볼 수 있다. 이것이 A10 신경의 단점이다.

E군은 초등학생 시절 엄청난 문제아였다. E군을 가르치던 선생님이 교장실로 뛰어와 이런 학습 부진아는 본 적이 없다고 푸념을 늘어놓으며, 수업 시간에 집중도 못하고 엉뚱한 질문으로 수업을 방해해서 더는 가르칠 수 없다고 했다.

예를 들어 선생님이 1 + 1 = 2라고 하면, E군은 "아니요. 1 + 1 = 2가 아니에요!"라고 대답했다. 교장은 E군에게 마지막 기회를 주고 싶어서 교장실로 E군과 그의 엄마를 불렀다. 교장 선생님이 질문했다.

"1 더하기 1은 뭐지?"

E군은 갑자기 건물 밖으로 나가 진흙 두 덩이를 가져와 하나로 뭉치며 대답했다.

"1이요."

E군은 이렇게 당당히 말했지만, 학교에서는 퇴학을 당했다. E군은 바로 발명왕 에디슨(Thomas Alva Edison)이다. 에디슨의 엄마는 아들의 재능을 알아보고 엉뚱한 물건을 만들어도 진정으로 기뻐했다. 에디슨은 이렇게 회고했다.

"어머니께서 나를 만드셨다. 어머니께서는 진실했고, 나를 믿어주셨다. 그 덕분에 나는 해낼 수 있다는 느낌이 들었고, 어머니를 실망시키지 않겠다고 생각했다."

에디슨은 발명품을 만들고 쾌감을 느꼈다. 그때의 쾌감에 따라 반복된 행동을 하게 되어 발명이 습관이 되고 위대한 발명가가 될 수 있었다. 이것이 A10 신경의 장점이다. 자신에게 맞는 공부법만 찾으면 공부는 곧 재미있는 놀이로 바뀐다. 즐거운 일을 하면 시간 가는 줄 모르지 않는가? 공부도 마찬가지로 재미와 즐거움을 느끼면 힘들지 않고 지속할 수 있다. 물론 나도 교육학을 연구하기 전에는 공부가 이렇게 재미있는지 몰랐다.

식사나 운동을 한 뒤, 또는 안 풀리던 문제를 풀었을 때 쾌감을 느낀 적이 있을 것이다. 모두 A10 신경이 자극을 받아서 생긴 쾌감이다.

A10 신경은 인간의 뇌 가운데 가장 굵은 신경이고, 원뇌(原腦)뿐 아니라 동물의 뇌, 인간의 대뇌 피질에도 연결되어 있다. 따라서 원뇌에서 나오는 식욕, 성욕에서 나오는 쾌감, 동물의 뇌에서 나오는 단순한 감정 모두 이 A10 신경을 통해서 전달된다.

재미있는 사실은 이 신경이 식욕과 성욕, 심장 박동, 체온 조절과 같은 아주 원시적인 기능부터 기쁨, 슬픔과 같은 감정과 인간의 이성을 담당하는 전전두엽까지 연결돼 있다는 사실이다. A10 신경이 식사 후 오는 만족감부터 어려운 수학 문제를 풀고 느끼는 성취욕까지 관여한다는 말이다. 즉, 원시적인 생리 욕구와 단순한 감정, 고차원적인 인간 정신에서 나오는 모든 쾌감이 이 A10 신경에서 비롯한 것으로 보면 된다.

A10 신경은 나뭇가지처럼 굵고 넓게 뻗어 있으며, 해마에서 전두엽까지 골고루 분포하는 '쾌감 신경'이다. 이 신경은 미국의 제임스 올즈(James Olds)에 의해서 처음 알려졌다. 쥐의 뇌 어느 신경에 전기로 자극을 주었더니 쾌감을 느끼는 것을 발견하며 A10 신경의 존재를 밝혔다.

A10 신경은 뇌의 여러 부분에 작용하여 기억력과 의욕을 높이고 성취감을 느끼게 한다. 베타 엔도르핀(beta-endorphin)이 나오면 A10 신경이 활성화하는데, 이때 해마에 도파민이 분비되면 기억력이 향상

되기 때문이다. 한마디로 요약하자면 A10 신경이 자극 받으면 도파민이 분비되고 기억 창고인 해마가 활성화하면서 행복감을 느끼고 기억력도 좋아지는 것이다.

A10 신경은 뇌 전체를 관통한다

● 삼위일체의 뇌 ●

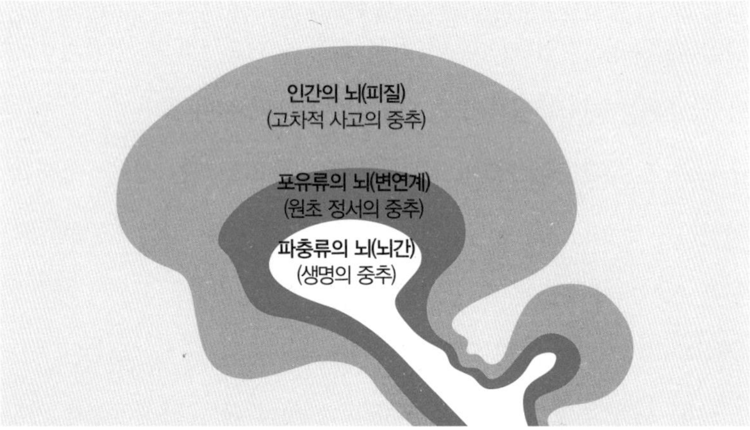

인간의 뇌는 진화 과정을 거치며, 1층 '원시 생명 유지의 뇌(뇌간)', 2층 '포유류의 뇌(대뇌 변연계)', 3층 '인간의 뇌(대뇌 피질)'의 3층 구조를 갖추게 되었다. 이렇게 세 개의 층이 하나의 뇌에 불안정한 구조물처럼 들어 있다.

인간이 만물의 영장이라고 하지만, 가끔 이런 3층 구조가 오작동하면 동물처럼 행동할 때가 있다. 앞서 언급한 것과 같이 3층 대뇌 피질이 작동하지 않으면, 마치 포유류처럼 감정만 살아 날뛰고, 그마저 작동하지 않으면 파충류처럼 원시 생명 유지 필요한 기능만 작동하게 된다. 그래서 인간이 인간답지 못한 행동을 할 수 있는 것이다. 인간을 잘 이해하기 위해서는 이러한 뇌의 3층 구조를 잘 알아야 갈등과 모순을 이해할 수 있다.

뇌의 부위별 기능을 요약하자면, 1층 원시 생명 유지를 담당하고 있는 뇌간은 뇌의 제일 아래층에 있으며 호흡, 체온 조절, 심장박동과 같은 기능을 담당한다. 2층 대뇌 변연계는 뇌간 위에 있고, 원시적인 감정을 담당하는 곳이다. 행복, 기쁨, 즐거움, 불안, 공포, 미움, 싫음 등과 같은 원초적이고 동물적인 감정을 담당하는 곳이다.

앞에서 본 감정 중추인 편도체와 기억 창고인 해마, 자율신경을 담당하는 시상하부 등 인간의 감정과 기억에 직결되는 모두가 여기 대뇌 변연계에 몰려 있다. 3층은 대뇌 피질이라고 하며, 인간의 뇌라고도 한다. 대뇌 피질은 인간이 1층과 2층에서 올라오는 본능을 억누르며, 인간이 이성적으로 생각하고, 행동할 수 있게 하는 곳으로 자세히 이야기하자면 이마의 앞쪽, 전전두엽에 해당한다. '1층 파충류, 2층 포유류, 3층 인간' 으로 이해하면 쉽다. 그리고 A10 신경은 바로 인간의 뇌 1~3층까지 고루 퍼져 있다. A10 신경은 인간의 본능에서 이성까지 모든 뇌가 행복을 추구한다는 것을 증명하는 신경인 것이다.

스터디스 하이

'러너즈 하이(runner's high)'라는 현상이 있다. 마라토너는 겉으로는 아주 힘들어 보이지만 실제로는 그리 힘들지 않다. 오히려 달리다 보면 피로와 고통이 사라지고 날아갈 듯한 쾌감을 느낀다. 이러한 상태를 '러너즈 하이'라고 한다.

이 러너즈 하이 현상을 뇌 과학적으로 보면 '달리기→신체의 통증→스트레스→노르아드레날린 분비→통증 완화→베타 엔도르핀 분비→A10 신경 활성화→도파민 분비→해마 자극→기억력 증가'의 순서로 발현한다.

달리기와 같은 힘든 운동은 당연히 심한 신체의 통증을 유발한다. 학창 시절에 오래달리기를 했던 기억을 떠올리면 이해할 것이다. 통증이 오면 뇌는 스트레스를 받는다. 스트레스를 받으면 스트레스 호르몬인 노르아드레날린의 수치가 증가한다. 그러나 몸이 계속 달리고 있으면 뇌는 꼭 달려야 하는 상황으로 인식하고 베타 엔도르핀을 분비해 통증을 완화한다. 베타 엔도르핀은 신경전달물질 중 가장 강력한 물질로, 화학 구조가 모르핀(마약의 한 종류)과 비슷해서 이름도 엔도르핀이라고 지었다고 한다. 베타 엔도르핀은 마약인 모르핀보다 자그마치 10배가량의 쾌감을 준다. 이 강력하고 거부할 수 없는 쾌감이 해마를 자극해 기억력이 증가하는 것이다. 사람들이 그 힘든 마라톤을 꾸준히 즐기는 이유이다.

프로 운동선수는 머리가 좋다. 머리가 나쁜 운동선수는 절대 아마추어를 벗어나지 못한다. 운동선수의 머리가 좋은 이유도 바로 여기에 있다. 운동선수는 운동하면서 자신의 신체적 한계를 넘기게 되는데 한 번 그 한계를 넘기면 운동에 재미가 붙어 실력이 한 단계 향상된다는 것을 경험을 통해 알고 있다. 그래서 그들은 경험을 통해 '힘들고 고달파도 이 고비만 넘기면 승리의 영광이 찾아온다'는 것을 알고 고된 훈련을 견딘다.

'운동선수가 머리가 좋다고?'라고 의문을 품을 수도 있다. 머리 좋은 것과 공부는 별개라고 앞에서 언급했다. 운동선수가 머리는 좋지만 공부를 못하는 이유는 '공부를 안 했기 때문'이다.

군대에서도 '러너즈 하이'의 원리를 이용해 유격훈련을 한다. 훈련을 체력의 한계까지 몰아붙이면 군인들은 '유격스 하이'를 경험하게 된다. 죽을 것 같이 힘들었는데 어느 순간 별로 힘들지 않다는 걸 느끼며, 훈련이 다 끝나고 나면 해냈다는 엄청난 성취감을 경험할 수 있다.

'하이' 현상의 기본 원리는 단순하다. 노르아드레날린이 증가해 베타 엔도르핀이 분비되는 것이다. '스터디스 하이(study's high)'도 같은 원리이다. 공부하다 보면 육체적, 정신적으로 스트레스를 받아 노르아드레날린이 증가하고, 그 시기만 넘기면 곧 베타 엔도르핀이 분비되면서 해마가 자극되어 기억력이 증가한다. 그리고 기분 좋은 느낌이 든다.

그러나 '스터디스 하이'를 경험하기 위해서는 절대로 스트레스 감소를 위해 노력하면 안 된다. 그리해서는 절대로 '하이'를 느낄 수 없다. 철저히 공부에서 오는 스트레스를 수용해야만 한다.

공부를 못하는 아이들을 뇌 과학적으로 분석하면 '공부하면서 받는 스트레스→베타 엔도르핀 저하→기억력 저하→공부가 정말 싫어짐'이다. 말 그대로 악순환이다.

인간은 무엇을 하든 스트레스를 받을 수밖에 없다. 받아들이면 즐거운 일이 되고, 거부하면 병이 된다. 공부를 잘하고 싶다면 공부에서 오는 여러 가지 스트레스를 받아들이고 천천히 오래 공부를 하면 된다.

앞에서 말한 '유격스 하이'나 '스터디스 하이'는 내가 만들어낸 용어이다. 비슷한 뜻으로 미국 피터드러커 대학원의 미하이 칙센트미하이(Mihaly Csikszentmihalyi) 교수의 이론 '몰입(Flow)의 기술'이 있다.

은혜가 공부를 재미있다고 한 것은 바로 이 스터디스 하이를 경험했기 때문이다. 이 스터디스 하이는 방법만 알면 누구나 경험할 수 있다.

사람은 모두 엄청난 잠재력을 가지고 있지만, 대부분은 이 능력을 전혀 발휘하지 못하고 인생을 마친다. 각 분야의 정상에 있는 사람은 자신의 잠재력을 어느 정도 발굴해낸 사람들이다. 문제는 이런 잠재력이 절대 저절로 발휘되는 게 아니라는 것이다. 자신의 능력으로는 도저히 불가능해 보이는 수준의 일을 하도록 강요받지 않으면 내 안에 숨어 있는 능력은 영원히 빛을 못 볼 수도 있다. 잠재력을 끄집어내는 과정은 고통스럽지만, 한계를 뛰어넘어 잠재력의 발현을 경험하는 것은 살면서 느낄 수 있는 몇 안 되는 소중한 순간일 것이다.

_황농문 《몰입》

CHAPTER 15

재민이는 선생님

百讀百習. 백번 읽고 백 번 쓴다.

세종대왕

재민이 스토리

"분사에는 두 가지가 있어! 너 분사는 아냐? 그것도 몰라? 알았어! 다시 설명할 테니까 잘 들어."

재민이의 공부방에서 나는 소리다. 과외 선생님이 오신 게 아니라, 그냥 재민이 혼자서 하는 말이다. 이렇게 2~3시간 동안 혼자 말하고, 웃고 화도 낸다. 재민이는 왜 이럴까?

재민이의 방을 살펴보니 큰 화이트보드가 눈에 띈다. 보드 펜도 형형색색 많고, 지우개도 여러 개다. 보드가 낡은 걸 봐서는 오랫동안 쓴 것 같다. 그리고 화이트보드를 뚫어져라 보고 있는 무언가가 있다. 그건 바로 곰 인형이다. 곰 인형을 의자에 앉히고 '분사'를 설명하고 있다. 재민이의 강의는 계속되었다.

"분사에는 현재분사가 있고 과거분사가 있어. 분사는 형용사의 역할을 하는데, 명사를 수식해주는 거야. 수식은 아냐? 당연히 모르겠지. 꾸며준다는 말이야!"

재민이의 가족들은 별 신경 쓰지 않고 자기 할 일을 하는 것을 보니 하루 이틀 본 모습이 아니다. 가족들은 속으로 '나만 저 방에 끌려가지 않으면 돼' 라고 생각한다. 가끔 곰 인형 대신에 가족을 앉혀두고 수업을 할 때가 있기 때문이다. 그러면 몇 시간은 재민이의 강의를 들어야 한다. 그래서 온 식구가 재민이가 수업하고 있으면 방 앞을 우사인 볼트처럼 빨리 지나간다.

재민이는 가르치면서 공부한다. 저렇게 가르치면서 공부하면 어느 세월에 고등학교 공부를 다 하느냐고? 고등학교 3학년인 재민이의 성적은 내신 전교 2등, 모의고사 전 과목 1등급이다.

재민이는 동생과 8살이나 차이가 난다. 아빠는 소방공무원이고, 엄마는 간호사라서 부모가 3교대 근무를 했다. 그래서 재민이는 동생과 둘이 있는 시간이 많았다. 부모님이 일하러 가고, 집에 아무도 없는 날은 혼자서 동생을 돌보아야 했고, 심지어 밤에도 동생과 둘 뿐인 날도 부지기수였다. 문제는 숙제와 공부를 해야 할 때였다. 잠시라도 형과 떨어지기 싫어하는 동생 때문에 공부할 틈이 없었다.

그러던 어느 날, 옆에 껌딱지처럼 붙어 있는 어린 동생에게 오늘 학교에서 배운 내용을 설명해 보았다. 말도 잘 못 알아듣는 동생이 눈을 껌뻑이며 재민이를 쳐다보았다. 가르치니 더는 놀아달라고 떼쓰지도 않았다. 그야말로 일거양득이었다.

중학교에 입학한 재민이에게 놀라운 일이 벌어졌다. 전 과목 100점을 맞은 것이다. 재민이도 놀랐다. 동생을 돌보아야 해서 학원에 다니거나, 공부할 시간도 없었는데 만점이라니. 사실 재민이보다 놀란 건 친구들이었다. 점심시간과 쉬는 시간마다 뛰놀고, 아파트 놀이터에서 동생과 흙장난만 하는 재민이가 말로만 듣던 '올백'이라니!

재민이의 엄마, 아빠도 성적표를 보고 놀라서 눈물이 나왔다. 그리고 우연일 수 있으니 자만하지 말라고 당부했다. 그러나 재민이는 중학교 졸업 때까지 단 한 번도 전교 1등을 놓친 적이 없고, 고등학교 진학해서도 전 과목 1등급을 유지했다.

재민이는 머리가 뛰어나가 좋은 편도 아니었다. 다른 아이들처럼 딱 가르쳐준 것만 알았다. 재민이 친구들의 반응이 더 재미있다. 한 아이가 내가 와서 이런 말을 했다.

"선생님 정말 짜증이 나 미치겠어요. 재민이는 공부도 안 하는데 맨날 100점이고, 저는 아무리 노력해도 2등급도 안 나와요…"

"재민이가 너보다 공부하는 시간이 많겠지."

"그건 절대로 아니에요. 저는 하루에 5시간도 안 자고 공부하거든요. 그런데 재민이는 맨날 축구하고 노는데도 1등급이에요."

나도 궁금해서 그 학생에게 질문해 보았다.

"너는 재민이가 다른 아이들과 뭐가 다르다고 생각하니?"

"재민이는 친구들이 모르는 문제를 가져 가도 귀찮아하지 않고, 자세히 설명해줘요. 그래서 다른 반 아이들도 모르는 것 있으면 재민이한테 와요."

"바로 그거야! 가르치면서 공부하는 거. 일명 천재들의 공부법이라고도 하지."

천재들의 공부 방법은 어디에서 오는가?

만유인력을 발견한 아이작 뉴턴(Isaac Newton), 철학자이자 언어학자 노암 촘스키(Noam Chomsky), 철학자이자 사회심리학자 에리히 프롬(Erich Pinchas Fromm), '스타벅스'의 창업자 하워드 슐츠(Howard Schultz), '구글'의 공동 창업자 세르게이 브린과 래리 페이지, 영화

감독 스티븐 스필버그(Steven Spielberg), '리바이스'의 창업자 리바이 스트라우스(Levi Straus), '켈빈 클라인'의 창업자 켈빈 클라인(Calvin Klein), '델' 컴퓨터의 창업자 마이클 델(Michael Dell), '하겐다즈'의 창업자 루벤 매투스(Reuben Mattus), '허쉬 초콜릿'의 창업자 밀턴 허쉬(Milton S. Hershey), '배스킨라빈스'의 창업자 어바인 라빈스(Irvine Robbins), 정유회사 '로열 더치쉘'의 창업자 피터 보저(Peter Voser), '에스티로더' 창업자 에스티 로더(Estee Lauder), '페이스북'의 창업자 마크 저커버그, '골드먼삭스'의 창업자 마커스 골드만(Marcus Goldman)…

천재라 불리며 미국의 4대 일간지와 주요 방송국을 포함한 언론과 영화 산업, 금융 산업 등을 이끌며 전 세계를 움직이고 있는 이들의 공통점은 바로 '유대인'이라는 것이다.

오늘날 하버드 대학교 재학생 중 30%, 예일 대학교, 코넬 대학교, 프린스턴 대학교의 25%가 유대인이며, 노벨상 수상자의 24% 이상이 유대인이다. 미국 맨해튼에 있는 빌딩 주인의 40% 이상, 뉴욕 교사의 50% 이상, 뉴욕 의사의 50% 이상, 미국 변호사의 30%와 미국 400대 재벌 중 24%가 유대인이다. 컴퓨터공학 분야에서 업적을 남긴 사람들에게 수여되는 A. M. 튜링상 수상자도 24% 정도가 유대인이고, 수학의 노벨상이라 불리는 필즈 메달 수상자의 26~34%가 유대인이다.

하지만 하버드 학생 중 한국인의 비율은 1% 정도에 그치며, 하버드, 예일, 콜롬비아, 스탠퍼드 등 미국 유명 대학에 다니는 한국인 가운데 44%가 중퇴하고 만다.

한마디로 유대인은 미국을 지배하는 민족이다. 지구촌에 흩어져 살며 세계 인구의 0.2%에도 미치지 못하는 1,300만 명 정도의 유대인이 어떻게 노벨상 수상자의 24%를 차지하는 걸까? 우리나라 경기도 인구에도 미치지 않는 유대인이 미국을 넘어 세계 곳곳에 영향력을 넓히고 있을까?

유대인과 한국인의 교육 차이

유대인 교육의 성공 비결은 무엇인가? 유대인이 머리가 좋아서일까?

전 세계에서 가장 머리가 좋은 민족은 바로 우리 한민족이다. 싱가포르 인과 한국인이 세계 최상위권이고, 이스라엘 인은 한국인보다 IQ 점수가 10점이나 낮다.

그렇다면 유대인의 교육열 때문일까? 유대인의 교육열은 세계적으로 유명하다. 하지만 우리나라 교육열도 둘째가라면 서러워할 정도이다.

유대인과 우리의 교육 차이는 크게 두 가지로 요약할 수 있다. '가정교육'과 '질문과 토론'이다. 유대인은 이 두 가지 교육을 통해 전 세계에 영향력을 높이고 있다.

그렇다면 유대인의 가정교육은 어떠할까? 공부하는 부모가 공부하는 아이를 만든다. 유대인 교육의 중심은 학교가 아니고 가정에 있다. 한마디로 그들에게 있어 가정은 교육과 학습의 장이다. 유대인은 살면서 알아야 할 거의 모든 것을 가정에서 학습한다. 특히 가정교육에 있어서 엄마의 영향력은 절대적이다. 그래서 그들은 엄마를 '가정의 영혼'이라고 부른다. 교육의 주된 역할은 엄마가 하고 아빠는 저녁 때는 꼭 집에 들어와 가족과 함께 식사를 한다. 식사 때 그날 있었던 일을 묻고 답하며, 서로에 대해 이런저런 얘기를 하며 자녀의 꿈이나, 지향점에 대해 상의하고 격려한다.

술을 마시고 행패를 부리는 부모를 본 아이는 폭력적이고, 약물에 중독에 빠지기 쉽다. 부부 싸움을 자주 하는 부모를 보고 자란 아이는 사람을 불신한다. 그러나 화목한 가정에서 자란 아이는 긍정적이고 심리적으로 안정된 모습을 보인다. 가정에서 자녀의 눈에 보이는 부모의 행동이 아이들의 운명을 좌우한다는 것을 유대인들은 너무나 잘 알고 있다. 그래서 유대인은 화목한 가정을 꾸리기 위해 부부가 서로 최선을 다하고, 서로를 소중히 여기는 전통을 이어나간다. 또한 그들은 자녀를 사랑으로 훌륭하게 키우는 것을 생의 의무로 생각한다.

유대인 가정의 공통점은 거실이 TV 대신에 책으로 가득하고, 온 가족이 독서를 즐기고, 서로 존중하며, 서로 예절을 지킨다는 것이다.

"책과 돈을 동시에 땅에 떨어뜨렸다면 책부터 주워라."

"잉크가 책과 옷에 묻었다면 책에 묻은 잉크부터 닦아내고 난 다음 옷에 묻은 잉크를 닦아라."

유대인이 책을 얼마나 귀하게 여기는지 알 수 있는 말이다. 유대인은 책을 굉장히 소중히 여기기 때문에 읽은 책을 절대 팔지 않으며, 2차 세계대전 당시 유대인을 모여 살도록 정한 지역인 게토(ghetto)에는 헌책방이 없을 정도였다. 책을 읽는 부모와 따라 읽는 자녀, 그것이 바로 유대인 교육의 중심이다.

유대인 아이들은 TV나 스마트폰만 보는 부모가 아닌, 책을 읽는 부모의 모습을 통해 자연스레 공부하는 방법을 터득하고 부모에 대한 존경심과 신뢰감을 형성한다.

즉, 유대인의 가정교육은 책을 귀하게 여기고, 가정에서 독서를 즐기며, 질문과 토론을 통해 지혜를 배우도록 하는 것이다.

"아버지가 된다는 것은 단지 돈, 신체, 시간을 희생하거나, 어느 장소에 시공간적으로 함께 있어 주는 것이 아닌, 그 이상의 의무가 주어지는 것이다. 그것은 끝이 없고 영원하며 눈에 보이지 않는, 별들 간의 중력같은 헌신이다."

_ 마이클 세이본(Michael Chabon)

유대인의 가정교육은 원칙적이고 엄격하다

우리나라는 가정교육에 대해 '강력한 원칙'이 없다. 자녀가 혼날 짓을 해도 그날 내 기분이 좋으면 넘어가고, 내 기분이 나쁘면 혼을 낸다. 가정교육을 '하면 좋지만 않아도 어쩔 수 없는 것' 정도로 생각한다.

아이에게 "매일 6~8시까지 공부해"라고 지시하고 자신은 TV를 보고, 스마트폰을 만지작거린다. 며칠이 지나면 이 말은 자녀의 기억에서도 잊히고, 부모의 기억에서도 잊힌다. 그러다가 부모에게 기분이 나쁜 일이 생기거나 아이가 집에서 실수를 하면 불현듯 생각이 난다. 그리고 아이를 혼내기 시작한다.

"너 분명히 공부하라고 했지! 그런데 왜 안 하는 거야. 내가 요 며칠 그 시간에 공부하는지 안 하는지 다 보고 있었어. 넌 왜 말을 안 듣니!"

화를 내는 이유가 정말로 아이가 공부를 하지 않아서인지, 단순한 자기 화풀이인지 알 수가 없다.

유대인도 우리처럼 맞벌이가 많다. 퇴근 후에는 모두 피곤하다. 하지만 그들은 아이들과 한 약속을 반드시 지킨다. 유대인 부모는 제일 먼저 몇 시간 공부할지 자녀와 상의를 해서 결정한다. 물론 결정은 아이들에게 맡긴다. '그 시간에 공부하면 좋지만 안 해도 그만'이 아니다. 만약 6~8시까지 공부하기로 약속을 했다면, 무슨 일이 있어도 그 시간에는 공부를 한다. 그리고 아이들의 공부하는 시간에 맞추기 위해 부모 중 한 사람은 최대한 일찍 집으로 온다. 아이들이 공부를 하거나, 책을 읽을 땐 부모도 함께 하며 독서에 방해가 될까봐 설거지도 하지 않는다. 모든 생활의 중점을 아이의 교육에 둔다.

그리고 자녀가 예의 없는 행동을 하거나, 잘못을 저질렀을 때에는 주저하지 않고 체벌한다. 외식을 하는데 아이가 뛰어다니며 장난을 치면 외식을 포기하고 곧장 집으로 돌아와 혼을 낸다. 그들은 체벌의 아픔이 자기 행위를 반성하게 하는 효과가 있다고 믿는다. 그러나 체벌의 목적은 잘못된 행동의 교정이기에 상처주거나 몸을 다치게 하는 체벌은 피하며, 체벌 후에는 따뜻하게 안아준다. 아이도 두 번 다시 같은 일로 꾸중을 듣는 일은 없다.

즉, 잘못을 했을 때는 즉시 꾸중을 듣고, 같은 일로 반복해서 혼나지 않는다. 유대인에게 가정교육이란 잘못하면 엄격하게 매로 다스리지만, 기본은 자녀에 대한 사랑으로 안아주는 행위이다.

하지만 우리나라에서의 체벌 방식은 유대인의 방식과 완전히 다르다. 먼저 '일관성'이 없다. 똑같은 잘못을 저질러도 부모가 기분이 좋으면 그냥 넘어가고, 짜증나거나 기분이 좋지 않으면 그냥 넘어갈 수 있는 일에도 체벌을 가한다. 아이의 잘못된 행동을 교정한다는 목적을 가장한 화풀이이다. 가끔 욕설하며 뺨을 때리고 자신의 감정을 이기지 못해 과잉 체벌을 하는 사람도 있다. 자녀의 과거 잘못까지 다 들추어내어 한번에 몰아친다. 초등학생을 혼내면서 어릴 때 한 잘못까지 끄집어내는 부모도 있다.

발달심리학자 보니 맥로이드(Vonnie McLoyd)는, SES가 낮은 부모는 신체적 체벌을 가하거나 스트레스만 주는 방식으로 자녀를 양육한다고 한다.

체벌하는 부모를 뇌 과학적으로 분석해보면, 자녀를 때리는 부모의 뇌 속에는 노르아드레날린이 분비되고, 편도체가 활성화되어 감정이 올라간다. 감정이 북받치면 처음에는 살짝 때리지만, 점점 편도체에서 올라오는 감정을 조절할 수가 없어 무차별적인 폭행으로 발전한다. 교훈을 주려던 사랑의 매가 가정 폭력으로 바뀌게 된다.

아이들은 부모의 바른 행동만 따라 하는 게 아니라 잘못된 행동도 따라 한다. 그런 집에서 자라는 아이들은 가정 폭력의 피해자이면서도 학교 폭력의 가해자가 된다.

절대 체벌을 쉽게 생각해서는 안 된다. 특히 부모 스스로 판단하기에 감정 조절이 안 되고, 일관성이 없으며, 자녀에게 모범이 될 만한 행동을 하지 않는 부모는 체벌해서는 안 된다.

유대인을 인재로 만드는 특급 비결은?

유대인의 또다른 성공 비결은 '질문과 토론'이다.

유대인은 아주 어릴 때부터 책을 읽고 함께 토론한다. 이것이 바로 유대인을 슈퍼 인재로 만든 특급 비결이다.

유대인은 기본적으로 책을 많이 읽는다. 유대인의 집 거실에는 TV 대신에 책이 가득하고, 그 중간에 식탁 겸 책상, 책을 편하게 읽을 수 있는 소파가 자리한다. 혼자서 소파에서 책을 보다가 질문과 토론거리가 생기면 주저 없이 식탁에 앉아 대화한다. 질문은 사고의 폭을 넓히는 좋은 생각의 도구이다. 유대인의 속담에는 '한 번 길을 못 찾는 것보다 열 번 길을 묻는 편이 더 낫다'는 말도 있다.

자녀의 생애 첫 토론 상대는 바로 '부모'이다. 아이들은 궁금한 것이 있으면 스스럼없이 부모에게 질문한다. 그리고 질문을 받은 부모는 전혀 귀찮아하지 않고 자신의 의견을 제시하고, 거리낌 없이 의견을 나눈다. 그러나 부모는 자녀에게 정답을 말해주지는 않는다. 답을 찾는 데 필요한 힌트만 줄 뿐이다. 답은 아이 스스로 구하게 둔다.

유대인에게 가장 많은 토론 거리를 제공하는 책은 《토라》와 《탈무드》이다. 《토라》는 모세가 쓴 오경인 〈창세기〉, 〈출애굽기〉, 〈레위기〉, 〈민수기〉, 〈신명기〉 이 다섯 권의 책을 가리키며, 비 유대인에게는 구약 성서의 일부로 일컬어지고 있다. '토라'라는 말은 히브리어로 '가르침'을 뜻한다. 따라서 《토라》는 유대인들의 인생 지침서라 할 수 있다. 즉, 《토라》는 유대교의 가장 근본적인 경전이며, 일점일획도 건드릴 수 없는 진리이다.

《탈무드》는 바빌론 유수기에 입에서 입으로 내려온 구전 율법이다. 두 책 모두 옛 이야기식 구성이어서 아이들이 이해하기도 편하고, 질문과 토론거리가 가득하다. 이들은 《토라》와 《탈무드》를 밥상머리와 베갯머리에서 배우기 시작한다. 밥을 먹으며 또는 잠자기 15분 전에 책을 읽고, 질문하고, 토론한다.

《탈무드》는 절대적인 진리를 제시하는 것이 아니라 서로 상반되는 주장을 질문과 토론을 이용하여 해결점을 찾는 책이다. 다시 말하면 불변의 해답을 보여주는 게 아닌 다양한 의견과 가능성을 다루는 '열린 교과서'라 볼 수 있다. 그리고 《토라》와 《탈무드》는 '무엇을 사고할 것인가'가 아니라 '어떻게 사고할 것인가'와 같은 생각의 기술을 가르치는 교육서이다. 자녀는 생각하는 기술과 방법을 배우면서 호기심이 강하고 창의적인 아이가 된다.

이렇게 어려서부터 질문과 토론으로 단련된 어린 유대인들은 엄청난 지식과 논리력을 바탕으로 미국 학계와 법조계, 그리고 언론계를 장악할 수 있었다. 모르는 것을 물어보는 것이 '질문'이고, 아는 것을 설득하는 게 '토론'이다. 질문과 토론은 개념과 원리를 파악하고 난 다음, 그것 위에 자신의 배경지식과 맞물려 시너지 효과가 나오는 것이다.

유대인의 힘은 '하브루타'에서 나온다

유대인의 사고력을 키우는 방법의 하나가 바로 '하브루타(havruta)'이다. 하브루타는 나이, 계급, 성별과 관계없이 두 명이 짝을 지어 서로 논쟁을 하며, 진리를 찾는 것을 의미한다. 하브루타는 지난 2,500년간 지속해온 유대인의 공부법이다. 하브루타는 《토라》와 《탈무드》를 공부할 때 사용하는 방법이지만, 이스라엘의 모든 교육과정에 적용된다. '하브루타'라는 용어는 일반적으로 유대감과 동료애를 뜻하며, 친구를 의미하는 '하베르(chaver)'에서 유래했다.

하브루타에 참가하는 두 명은 각자 공부한 대로 대화하며 주제에 대해 심도 있는 논쟁을 벌인다. 하브루타의 참여자는 자신의 관점을 방어하면서 상대편의 관점을 비판적으로 접근한다. 이러한 방식으로 질문하고 토론하며 설득하는 과정을 거쳐 다양한 견해를 확인하고 서로의 주장을 교환한다. 그 과정을 통해 지식을 넓히게 된다.

그리고 하브루타의 가장 중요한 기능 중에 하나가 바로 자신의 지식을 다른 사람에게 전하는 것이다. 자신의 지식을 설명함으로써 무엇을 알고 무엇을 모르는지 확인할 수 있는 기회가 된다. 이것이 바로 살아 있는 유대인의 공부법 '하브루타'이다.

유대인과 재민이의 공통점

교육 현장에서 소위 '잘 가르치는 선생님', '스타 강사'로 불리는 선생님은 학생들을 잘 설득한다는 공통점이 있다. 아이들은 이해되지 않는 지식은 받아들이지 않는다. 그래서 선생님은 자신이 가르치길 원하는 학습 내용을 아주 쉽고 빠르게 설명하고, 정보를 받아들이게끔 설득해야 한다.

잘 가르치는 선생님은 학습 내용을 우뇌를 이용해 이미지화해 아이들에게 전달하는 방법을 사용한다. 그러면 아이들도 그 학습 내용

● 학습의 원추표 ●

2주 후 기억량		관여의 형태
말하고 행동하는 것의 90%	실제 경험	능동적
	실제 경험의 시뮬레이션	
	극화된 경험	
말하는 것의 70%	이야기하기	
	토론 참여	
보고 들은 거의 50%	견학하기	수동적
	시범하기	
	전시 보기/시범 보기	
	영화	
본 것의 30%	사진	
들은 것의 20%	강연	
읽은 것의 10%	읽기	

을 우뇌로 받아들인다. 반면에 좋은 대학을 나와 박사까지 밟은 선생님이어도 못 가르치는 선생님도 있다. 이들은 아이들을 설득하지 않기 때문이다.

질문도 마찬가지다. 질문은 받아들이고 싶은 정보가 있는데 이해가 되지 않아 하는 것이다.

교육학자 에드거 데일(Edgar Dale)은 읽기만 하면 배운 것의 10%, 듣기만 하면 20%, 보기만 하면 30%를 기억하고, 보고 들으면 50%, 말하고 필기하면 70%, 행동하고 말하면 90%를 기억한다는 학습 이론을 밝히고 이를 '학습의 원추 이론(Corn of Learning)'이라고 했다.

유대인의 공부법인 '질문과 토론'과 재민이의 공부법인 '가르치며 공부하기'는 전혀 다른 것처럼 보이지만 사실은 비슷하다. 이 둘은 적극적으로 자신의 지식과 경험을 다른 사람과 자신에게 설득하고 표현한다는 공통점이 있다. 에드거 데일의 이론에 따르며 토론은 70%, 가르치며 공부하기는 90%이다. 알고 보면 재민이는 천재들의 학습법으로 공부하는 것이다.

에드거 데일은 자신의 학습의 원추 이론을 결론지어서 "가르치는 것이 곧 배우는 것이다"라고 말했다.

"교사는 혼자만 알고 떠들어서는 안 된다. 만약 아이가 듣기만 한다면 가르치는 것이 아니라 앵무새를 키우는 것일 뿐이다. 교사가 이야기하면 학생은 거기에 대한 질문을 해야 한다. 그래서 교사와 학생이 주고받는 말이 활발하면 할수록 교육 효과는 상승한다."

_ 탈무드

PART
3

머리가 좋아지는 뇌 과학 공부법

아날로그 인간이 지배하는 디지털 세상 '책 읽기' | 공부의 기적을 만드는 '걷기' | 뇌가 좋아지는 '브레인 푸드' | 우등생을 만드는 '수면'

CHAPTER 16

아날로그 인간이 지배하는 디지털 세상 '책 읽기'

> 새는 알을 깨고 나온다. 알은 하나의 세계이다.
> 새로 태어나고자 하는 자는 하나의 세계를 파괴해야만 한다.
>
> 헤르만 헤세(Hermann Hesse) 《데미안》 중에서

세상이 달라졌다

우리는 세상이 변했다는 말을 많이 쓴다. 회사에 입사하면 평생 한 회사만 다니다가 퇴직하고, 대학을 졸업하면 취업이 보장되고, 한 번 배운 지식으로 평생 먹고 살았다.

과거엔 공장에서 한꺼번에 똑같은 상품을 찍어내면 다 팔리고, 땅과 집을 사면 집값이 계속 올랐다. 성실함을 미덕으로 삼았다. 이런 시절을 '성장형 사회'라고 한다.

성장형 사회에서는 '다 같이'란 말을 자주 쓴다. TV와 전화기를 온 가족이 함께 쓰고, 다 같은 시간에 밥을 먹고, 다 같은 시간에 잠자리에 들었다. 뭐든 다 같이 생활했기 때문에 생각도 비슷비슷했다.

과거 우리가 겪었던 '성장형 사회'에서는 '비판적 사고'를 하는 사람들, 즉 남과 다른 생각을 하는 사람은 환영받지 못했다. 성장형 사회에서는 공동의 목표와 공동의 삶, 행복까지도 함께해야 한다는 사고가 지배적이었다. 신문이나 방송에 나오는 것은 의심할 바 없이 진실로 믿었고, 학교에서 배우는 지식은 절대적이었다. 누구 하나 의심해서는 안 되는, 그런 사회였다. 성장형 사회에서는 사리를 분별하는 능력보다 정해진 답을 빨리 찾는 '정보 추리력'을 중요하게 생각한다. 정보 추리력이란 분명하게 정해진 답을 맞히는 능력을 말한다.

문제의 답은 항상 하나였고, 명확했다. 혹시라도 누구 하나라도 의문을 제기하거나 비판적 사고를 하면 그 사람은 이른바 '모난 돌'로 여겨졌다. '모난 돌이 정 맞는다'란 속담처럼 모난 돌은 필요치 않았다. 천편일률적인 사고와 집단을 위해 소수는 희생해도 된다는 사고가 팽배했다. 집단의 이익이 개인의 행복보다 더 소중했던 시기였다.

하지만 세상이 달라졌다. 처음 입사한 회사에서의 정년퇴직은 보기 드문 일이고, 대학 졸업 후 취업을 못하는 취업 준비생들은 넘쳐나고, 배운 지식이 불과 몇 년 후에 전혀 쓸모없는 지식이 되어버리는 시대로 바뀌었다. 집을 잘못 사면 집값이 폭락하고, 공장에서 시장조사를 제대로 하지 않고 대량생산했다가는 망하기에 십상이고, 근면,

성실만으로는 생존할 수 없는 사회가 되어버렸다. 인터넷, TV, 신문의 내용을 비판적 사고 없이 받아들이면 엉터리 뉴스에 속아 그릇된 판단을 할 수 있고, 잘못된 정보를 믿고 투자했다가는 손해를 본다.

이제는 모난 돌이라고 불리던 아이들이 '영재'라고 불린다. 도리어 학교에서는 어떻게 하면 비판적 사고를 기를 수 있을까 고심한다. 지금은 답을 찾아내는 정보 추리력보다는 자신의 경험과 지식을 이용해 복합적인 사고를 해서 답을 만들어 내는 '정보 편집력'이 중요해졌다.

정보 추리력이 정해진 하나의 정답을 찾는 능력이었다면, 정보 편집력은 발생한 문제의 해결책을 찾는 것이다. 찾아낸 답은 많은 사람이 수긍하면 되는 일이므로, 명확한 정답이 없다. 그리고 그 엉뚱한 아이가 창의적 아이로 불리고, 집단 속에서가 아니라 자신의 행복을 소중하게 생각하게 되었다. 이런 사회를 '성숙형 사회'라고 한다.

성장형 사회에서는 계층의 이동이 많이 일어난다. 그만큼 위로 올라가기도 쉽고 아래로 내려가기도 쉽다. 재능과 성실, 노력으로 성공하는 사람도 많았다. 개천에서 용이 나기 쉬운 사회였다. 비록 부모는 많이 못 배우고 가난해도 자식은 판검사, 의사, 교수, 박사가 되어 인생 역전의 드라마를 펼치기도 했다. 시골에서도 '축 서울대 합격' '축 ○○네 아들 사법고시 합격'과 같은 현수막이 내걸렸다. 이런 현수막을 보면서 '누구나 공부만 열심히 하면 인생이 바뀔 수 있구나!'라고 생각했던 시절이다.

하지만 성숙형 사회에서는 계층의 이동이 잘 일어나지 않는다. 부,

권력, 학력은 세습된다. 이제 우리는 성숙형 사회에 살고 있다. 그렇다면 이런 성숙형 사회에서 성공하기 위해서는 무엇이 필요할까? 바로 '책 읽기'다.

팝콘 브레인과 독서

팝콘브레인 증상

즉각적으로 튀어 오르는 현상에만 반응한다.

전자기기를 손에서 놓지 못한다.

SNS, 이메일 등을 수시로 확인한다.

우리는 하나에 집중할 수 없는 세상에 살고 있다. 학생들에게 쉬는 시간을 주면 십중팔구는 스마트폰으로 뭔가를 보거나 확인한다. 쉬는 시간이 곧 스마트폰을 만지는 시간이다. 항상 멀티태스킹을 하려 한다.

운전하면서 통화하고, 공부하면서 음악을 듣고, 친구와 마주하면서도 스마트폰으로 무언가를 검색하고, 업무 중에 메시지를 보내는 등 여러 가지를 한다. 이렇게 디지털 기기에 익숙한 나머지 뇌가 현실에 무감각해지는 현상을 '팝콘 브레인(popcorn brain)'이라고 한다. 뇌가 팝콘처럼 튀어 오르는 정보에만 반응한다는 뜻이다. 특히 어릴 때부터 디지털 기기에 익숙해진 아이들은 영상매체의 강한 자극과 강렬한 이미지에 중독된다. 그 때문에 웬만한 자극에는 꿈쩍도 하지 않는다. 팝콘처럼 튀어 오르는 역동적이고 폭력적이며 선정적인 자극에만 반응하게 된 것이다.

인간의 뇌는 '쾌감'을 경험하면 보상 반응으로 인식해서 같은 행동을 반복하게 만든다. 쾌감을 느꼈던 행동을 반복하며 같은 수준의 자극을 원한다. 즉, 팝콘 브레인이 되어 버린 아이들은 책을 읽어도 무슨 소린지 도통 이해할 수 없다. 강한 자극에만 반응하던 뇌가 갑자기 작은 글씨가 빽빽이 들어찬 책을 읽어낼 수 없음은 당연하다. 시험 볼 때 문제 읽기도 귀찮아하는 학생들도 생겨났다. 팝콘 브레인을 가진 아이들은 주의력이 부족하다. 이것을 '수동적 주의력'이라 한다.

수동적 주의력 vs 선택적 주의력

"아이가 컴퓨터 게임을 할 때는 누가 불러도 몰라요. 주의력이 좋은 거 아닌가요? 그런데 학교 선생님은 우리 아이가 주의력이 좋지 않다고 하더라고요."

이렇게 말하는 부모가 있다. 주의력에 대한 오해이다. 여러분도 재미있는 영화를 볼 때 온정신을 스크린에 뺏기는 경험을 해 보았을 것이다. 또는 스마트폰 게임이나, 컴퓨터 게임을 하며 몰입해 본 적도 있을 것이다. 이런 것을 '수동적 주의력'이라고 한다. TV, 컴퓨터, 스마트폰의 강한 시각적 자극은 주의력을 기울이지 않아도 자연스럽게 집중된다. 하지만 이런 수동적 주의력에 익숙한 아이들은 밋밋한 수업시간이 지겹기만 하고, 강한 자극 이외에는 반응을 하지 않아 주의가 산만해지는 경향이 있다. 수동적 주의력을 다른 말로 표현하면 일종의 주의력 결핍이다.

한 외과 의사가 수술을 하고 있다고 상상해보자. 6시간 동안 쉬지도 않고 집중해서 수술을 하는 의사에게 필요한 것은 무엇일까? 바로 '선택적 주의력'이다. 선택적 주의력은 다양한 대상 가운데 하나의 대상에만 주의를 집중할 수 있는 능력을 말한다. 의사, 법조인, 교수, 연구원처럼 고도의 집중력을 필요로 하는 직업들에 필요한 주의력이 바로 선택적 주의력이다. 선택적 주의력은 그 어떤 방해에도 주의력이 분산되지 않는 자신만의 영역으로 들어간다. 주의력을 돋보기 렌즈로 비유하자면 수동적 주의력은 태양과 렌즈의 초점이 맞지 않아 무엇도 태울 수 없는 상태이고, 선택적 주의력은 초점이 정확히 맞아떨어져 태양광으로 종이를 태우는 것이라 할 수 있다. 미디어로 길러진 수동적 주의력으로는 세상 그 어떤 것도 태울 수 없다. 그리고 선택적 주의력을 키울 수 있는 가장 효과적인 방법이 바로 독서이다.

세상을 꿰뚫어 보는 힘 '독서'

세계 최고 부자로 꼽히는 빌 게이츠와 워런 버핏(Warren Buffett)은 독서를 자신들의 성공 열쇠로 삼았다. 빌 게이츠는 블로그에 '독서는 새로운 주제를 배울 수 있는 가장 선호하는 방법'이라며 자신의 독서 습관에 대해 이런 말을 했다.

"어릴 때부터 일주일에 한 권의 책을 읽는 습관을 갖고 있으며, 아무리 바빠도 틈나는 대로 책을 읽는다."

워런 버핏 역시 책을 많이 읽기로 유명하며, 투자의 천재다운 말을 남겼다.

"매일 책 500페이지를 읽어보라. 그 안에 얼마나 다양한 지식이 담겨 있겠는가. 지식이 복리 이자처럼 쌓일 것이다"

1996년 노벨상 수상자인 멜버른 대학 피터 도허티(Peter Charles Doherty) 교수도 이렇게 말했다.

"노벨상 수상의 원동력은 독서이다. 어렸을 때부터 아버지와 할머니가 내게 많은 책을 읽어 주었다. 그리고 6세부터는 혼자 책을 읽기

시작했다.”

집중해야만 성공한다. 집중력이란 자신의 주의력을 온전히 한 곳에 기울이는 것을 말한다.

끊임없이 스마트 기기에 집중한다고 집중력이 길러지는 것이 아니다. 집중력은 걷기와 독서를 했을 때 가장 많이 길러진다. 책을 읽고, 걷고, 여행을 하면, 세상과의 균형을 맞추며 끝까지 해내는 힘과 집중력이 생긴다. 여기서 균형 감각이란 세상과 자신을 적당한 거리에 두고 그 거리를 유지하는 것이다. 너무 멀리 있으면 세상과 동떨어진 삶을 살게 되고, 너무 가까이 있으면 자신의 삶을 살 수 없게 된다.

독서를 하지 않는 사람은 자신만의 생각이 없기 때문에 미디어에 곧잘 휘둘린다. 독자적인 생각이 없을수록 자신이 속한 집단이나 단체의 생각을 맹목적으로 믿고 의지한다. 또한 그들은 자기만의 고뇌 과정을 거치지 않고 받아들인 정보를 진실이라고 믿기에 자신과 의견을 달리하는 사람을 용납하지 않는다.

이와 대조적으로 독서를 많이 한 사람은 미디어에서 흘러나오는 정보에 자신의 판단을 맡기지 않는다. 그들은 대다수 사람이 받아들이는 의견보다는 자신의 통찰력과 직접 경험을 통해 진실을 발견한다. 또한 자신만의 세상을 보는 바른 눈을 가지고 있다. 다시 말해 그들은 생각의 프레임인 ‘바른 관점’을 가지고 있고, 많은 책을 읽고 식견을 축적해 놓았기 때문에 정보 편집력이 있다. ‘버릴 정보는 무엇이고, 참고해야 할 정보는 또 무엇인가'를 식별할 수 있고, 판단을 내리는 데 있어 중요한 정보가 무엇인지도 구별해낼 수 있다.

이렇게 모인 정보를 가지고 판단을 하고, 현명한 결정을 내린다.

정보 편집력을 높이기 위해서는 '비판적 사고'를 갖추어야 한다. 비판적 사고라고 해서 무조건적인 비판만을 하는 부정적인 심술꾸러기를 상상하면 안 된다. '비판(Critical)'이라는 말에는 '본질적인, 중요한, 결정적인'이라는 뜻이 있다. 제대로 번역하자면 '본질을 꿰뚫는 사고'라 하면 되겠다. 이런 비판적 생각을 하는 사람들은 다각도로 사건을 읽고 분석할 수 있다.

또 그들은 뉴스를 곧이곧대로 믿지 않는다. 의심이 많아서가 아니라, 미디어에서 나오는 뉴스는 누군가에 의해서 의도적으로 편집된 정보라는 것을 알기 때문이다. 독서는 이런 비판적 사고를 위한 정보 편집력과 집중력을 길러준다.

독서와 창의력

어떤 부모가 "아이의 창의성을 위해 한글도 가르치지 않는다"라고 말하는 것을 본 적 있다. 아이가 한가지에 집중하지 못해 방을 엉망으로 만드는데도, 그 부모는 아이의 모습을 흐뭇하게 쳐다보며 창의적 사고를 형성하는 과정이라고 말했다.

아무런 지식의 축적 없이 혼자서 하는 상상은 창의적 사고가 아니라 아이의 엉뚱한 망상에 불과하다. 창의성과 망상의 차이는 '지식에 기반한 유용성'이 있느냐로 따질 수 있다. 상상에 지적 유용성이 없으면 그저 엉뚱한 상상일 뿐이다. 이런 아이는 상식적이지 않고 산만한 모습을 보인다.

창의성을 뇌 과학적으로 풀어보자. 창의적인 아이디어를 만들기 위해서는 바탕이 되는 배경 지식이 '측두엽'에 저장되어 있어야 한다. 직접 경험과 간접 경험을 통해 문제 해결을 위한 정보가, 기억을 마지막으로 정리 정돈하는 뇌의 측두엽에 저장되어 있어야 하는 것이다. 이때 대뇌의 CEO인 전두엽에서는 문제 해결을 위한 정보의 인출과 융합의 명령을 하게 되고, 측두엽은 이를 실행하게 된다.

인간의 뇌는 기억을 찾을 때 기존의 정보와는 달리 재편집되고 변화된 정보를 찾는다. 즉, 정보를 대뇌에 저장하기 위해서는 새로운 정보가 기존에 뇌에 저장된 정보와 합쳐져야 한다. 그러면 신경세포의 연결이 확장되어 더 넓은 사고의 틀이 형성돼 정보가 새롭게 저장된다.

이렇게 저장된 기억들이 문제의 해결을 위해 이동하고 최적화하며 새로운 사고가 일어난다. 즉, 창의적 사고가 만들어져 문제를 해결하는 것이다. 창의력을 이용해 새로운 문제를 푸는 능력을 창의적 문제 해결 능력이라고 한다.

'새로운 생각'이란 창의적 산출물의 특징이기도 하지만 완전한 새로움이 아니라 익숙한 새로움이다. 기존의 생각에서 조금 더 다른 방향, 조금 더 앞으로 나아간 것이 창의성에서 말하는 '새로운 생각'인 것이다. 또한 마냥 새롭기만 해서는 안 된다. '새롭지만 쓸모 있어야' 한다. 쓸모 있는 것은 앞서 말한 '유용성'이다. 새롭지만 쓸모가 없으면 '신기한 웃음거리' 밖에 되지 않는다. 가끔 마트에서 아이디어 상품을 볼 때면 "정말 기발한 아이디어군. 하지만 저걸 어디에 쓰겠어?"라는 생각을 할 때가 있다. 이런 것은 창의적이라 할 수 없다.

창의성은 아래와 같은 요소들로 만들어진다.

① 직접 경험+직접 경험+유용성

② 직접 경험+간접 경험+유용성

③ 간접 경험+간접 경험+유용성

직접 경험은 말 그대로 '직접 경험해서 아는 것'이고, 간접 경험은 '간접적으로 배워 아는 것'이다. 간접 경험을 많이 하려면 독서를 하는 것이 가장 좋다. 창의성은 단순히 백지 위에 만들어지는 게 아니다.

독서와 '아하! 체험'

삶의 긍정적 자극이 되는 좋은 책이 있는가 하면, 행복과 위안을 다루지만 오히려 삶을 나약하게 만드는 해로운 책도 있다. 좋은 책과 해로운 책의 차이는 글쓴이의 삶의 자세가 어떠한가에 따라 가늠된다. 좋은 책은 생각만 하게 하는 게 아니라 행동을 통해 현재의 어려움과 문제를 숨기지 않고 당당히 맞서게 한다. 이런 좋은 책을 읽다 보면 어느 순간 '아하! 체험(Aha! experience)'을 하게 된다. 오랫동안 한 문제를 가지고 고민을 하다가 갑자기 문제가 풀리는 경험이 바로 '아하! 체험'이다.

'아하! 체험'을 했을 때 우리의 뇌는 0.1초 사이에 뇌 속의 신경전달물질인 도파민이 분비된다. 고민하던 문제가 갑작스레 풀리면서 보상 중추에서 도파민을 분비하는 것이다. 너무 기분이 좋아 하늘을 날 것 같다. '아하! 체험'은 일종의 '쾌락'이다. 뇌의 기본 원리는 쾌락을 따르므로 성공을 통해 쾌락을 맛본 뇌는 그 경험을 뇌 속 깊이 장기 기억으로 저장한다. 그리고 그 쾌락을 다시 얻기 위해 더 어렵고 힘든 문제에 반복해서 도전하게 한다. 이런 비슷한 경험을 여러 번 하게 되면 인간의 뇌는 반복 학습으로 인해 뇌 속의 뉴런의 회로가 바뀌게 되고 생각의 방향과 행동의 방향도 달라진다. 이것을 '뇌 가소성'이라고 한다.

책을 읽으며 경험하는 '아하! 체험'은 삶에 긍정적인 효과를 주므로, 자녀에게 다양한 독서 경험을 제공하자.

독서가 주는 선물

1) 유전자 한계를 넘는 똑똑한 뇌를 만든다

책을 읽으면 뇌 기능이 활발해져 뉴런들 사이에 새로운 연결고리가 생긴다. 즉, 책을 많이 읽으면 머리가 좋아진다. 미국 네바다 주립대학교 마리아 에반스(Maria Evans) 교수는 집에 500권 이상의 책이 있으면 자녀의 교육 기간이 3.2년 더 연장되는 효과가 있다는 연구 결과를 발표했다. 다시 말하면 부모가 고학력자가 아니더라도, 고학력의 부모 밑에서 자라는 아이만큼의 교육 효과를 누릴 수 있다.

2) 몸과 마음의 문제를 해결한다

미국 피츠버그 대학의 마르셀 저스트(Marcel Just) 박사는 아이들에게 6개월간 독서 교육을 하며 책을 읽게 하였더니 뇌의 신경 신호 전달 속도가 10배 빨라졌고, 행동 조절과 관계있는 비만, 뇌졸중 문제도 해결할 수 있다는 연구 결과를 발표했다. 한마디로 독서는 뇌 구조를 변화시켜 건강한 두뇌와 몸을 만든다.

3) 피로가 풀린다

심심하다고 끊임없이 디지털 기기를 만지는 사람이 있는데, 사실 이런 행동은 휴식에 별 도움이 되지 않는다. 독서가 스트레스를 푸는 최고의 방법이라는 연구가 있다. 영국 서섹스 대학교 데이비드 루이스(David Lewis) 박사 연구팀은 음악 감상이나 커피 마시기, 산책도 스트레스를 줄이는 데 도움이 되지만, 독서가 가장 효과적이라고 밝혔다.

4) 건강하게 오래 산다

온종일 스마트폰으로 기사를 읽는 것보다, 종이 책을 30분 이상 읽는 것이 건강에 도움이 된다는 연구가 있다. 미국 예일 대학교 연구팀은 신문이나 잡지를 포함해 종이에 인쇄된 책을 하루에 30분 이상 읽는 사람들의 사망률이 20% 감소한다고 발표했다.

5) 삶의 만족도를 높인다

책을 읽으면 책 속의 인물과 공감대를 형성해 심리적 동화가 일어난다. 그리고 이러한 경험은 삶의 만족도를 높인다는 연구 결과가 있다. 버팔로 대학 시라 가브리엘(Shirah Gabriel)박사는 소설책을 읽음으로써 실생활에서 경험하지 못한 것을 경험해 심리적으로 공감할 기회를 얻을 수 있다고 했다. 이러한 심리적 동화 작용은 삶의 만족감을 높인다. 삶의 만족감을 얻고 싶은가? 종이로 된 책을 읽으면 된다.

6) 가짜 뉴스에 속지 않는다

책을 읽지 않는 사람은 다면적이고 깊은 사고를 하기 어렵다. TV에 나오는 사람들의 의견을 마치 자신의 의견으로 착각하고, 스마트폰에 나오는 정보를 여과 없이 믿는다. 하지만 책을 많이 읽는 사람은 자신만의 비판적 사고와 정보 편집력으로 가짜 뉴스에 속지 않고 현명하게 판단한다.

7) 정신력이 강해진다

책을 읽는 것은 글자를 읽으며 과거 직접 경험과 간접 경험을 모두 떠올려 내용을 해석하는 행위이다. 눈으로 글자를 읽고 머리로 그림을 그린다. 글은 불완전해서 글쓴이의 생각을 전부 전달할 수는 없다. 글로써 미처 전달하지 못한 것은 읽는 사람이 머리로 상상해서 다 채워 넣어야 한다. 그래서 독서는 정보 전달과 창의적 활동이 동시에 일어나는 복합적인 행위이다. 운동하면 근육이 생기듯이 독서를 하면 뇌에 근육이 생긴다. 그것도 아주 창의적인 근육 말이다. 정신력에 근육이 생기면 웬만한 힘든 일에 꿈쩍하지 않는다.

공부의 뿌리는 독서다

찰스 C. 만즈(Charles C. Manz)의 《긍정적으로 생각하라》에 대나무에 대한 일화가 있다.

"대나무는 씨앗을 심은 후 처음 4년 동안은 하나의 죽순을 빼고는 아무것도 보이지 않는다. 그 4년 동안 모든 성장은 땅속에서 이루어진다. 그동안 섬유질의 뿌리 구조가 형성되어 땅속으로 깊고 넓게 퍼져 나간다. 그러고 나서 5년째 되는 해 대나무는 25m 높이로 자란다."

갑자기 책을 읽는다고 성적이 계단식으로 오르진 않는다. 처음에는 아무리 노력해도 성과가 나지 않는다. 마치 죽순처럼 말이다. 씨앗이 죽순이 되고 4년 동안이나 땅속에 박혀 있듯이, 아무리 많은 책을 읽어도 바라는 성과는 쉽게 나오지 않는다.

이러한 시기를 '암묵적 지식 형성기'라고 할 수 있다. 이때는 마치 '밑 빠진 독에 물 붓는 느낌'이 든다. 하루에도 몇 번씩 포기하고 싶은 생각도 든다. 암묵적 지식 형성기에는 성과가 나지 않는 대신, 뭔가 쌓이고 있다는 느낌 정도는 받을 수 있다. 대나무로 비유하자면 땅 위에는 죽순의 머리만 보이지만 대나무의 뿌리는 땅속 깊이까지 엄청나게 퍼진 상태다. 25m의 대나무를 감당하려면 뿌리를 아주 깊게 내려야 한다. 그래서 대나무는 죽순으로 4년을 보내고, 인간은 암묵적 지식 형성기로 수많은 시간을 보내는 것이다. 대나무는 뿌리가 깊을수록 더 높이 올라갈 수 있고, 어떤 바람도 견딜 수 있다.

아이들의 독서는 아주 조금씩 성장하기 위해 뿌리를 내리고 있는 죽순과 같다. 오늘 바로 하늘 위로 치솟을 수 없지만 꿈을 포기하지만 않는다면 곧 25m의 대나무처럼 우뚝 설 수 있다.

뇌 과학적으로도 독서만큼 지식 창고인 해마를 활성화시키는 것은 없다. 앞서 말한 것처럼 지식이란 해마에서 이전에 습득한 정보와 학습 내용이 재편집되어 만들어진다. 책을 읽으면 책 속의 정보와 지식이 언어로 재편집되어 지식 창고인 해마를 통해서 장기기억으로 저장된다. 즉, 독서는 해마를키우며, 공부의 기초가 되는 튼튼한 뿌리를 만드는 것이다.

자녀에게 독서 가르치기

자녀에게 독서를 제대로 가르칠 수 있는 사람은 단 한 사람뿐이다. 바로 유대인들이 가정의 영혼이라고 부르는 '엄마'다.

아이들은 '따라쟁이'이다. 부모의 긍정적인 행동보다 부정적인 행동을 훨씬 더 잘 따라 한다. 부모가 매일 컴퓨터 앞에 앉아서 게임을 하고 있으면 아이들도 게임을 하고, 부모가 TV 앞에서 시간을 보내면, 아이도 남은 인생의 대부분을 TV 앞에서 보내게 된다. 아무리 "책을 읽어라, 공부해라" 강요해도 쇠귀에 경 읽기밖에 되지 않는다. 엄마는 소파에 앉아 허구한 날 스마트폰이나 만지작거리고 있는데 아이들한테는 공부하라고 소리치면 반발할 수밖에 없다.

하지만 부모가 독서에 열중하면 집안의 분위기는 놀랄 만큼 안정된다. 특히 엄마의 독서는 가족 전체에 영향을 미친다. 그만큼 엄마가 자녀에게 미치는 영향은 절대적이라 할 수 있다. 아이에게는 백번의 말보다 올바른 행동을 한 번 보여주는 게 훨씬 효과적이다.

아이가 부모를 따라 책을 읽기 시작했다고 해서 바로 책을 덮고 몰래 스마트폰을 만지거나, TV를 보거나, 밀린 청소를 해서는 안 된다. 부모가 책을 덮는 순간 아이들도 책을 덮는다. 혹시 부모가 독서의 모범을 보이지 않고, 교육을 학교나 학원에 전적으로 맡기고 있는가? 학교에서 잘 배워도 부모가 모범을 보이지 않으면 아이들은 바른 행동을 지속할 힘을 잃는다. 부모가 아이를 속이고 공부시킬 방법은 없는 것이다.

현명한 부모는 자녀가 경쟁적인 세상 속에 내던져져도 슬기롭게 살아갈 수 있도록 일찍부터 독서 습관을 만들어 준다. 그들의 자녀는 어린 시절부터 독서를 통해 비판적 사고와 정보 편집력, 창의력이라는 기술을 배워나간다. 그 기술로 정치인, 기업의 CEO, 사업가, 대학 교수, 의사, 법조인, 연구원과 같은 직업을 가지게 된다. 여러분의 자녀를 전문직으로 만들고 싶은가? 그러면 여러분부터 책을 읽으면 된다.

CHAPTER 17

공부의 기적을 만드는 '걷기'

걷기는 가장 훌륭한 약이다.

히포크라테스(Hippocrates)

네이퍼빌 고등학교의 기적

미국에서는 '자식을 하버드 대학교에 보내려면 하버드 대학교에 나온 사람과 결혼하는 게 가장 확실한 방법'이라고 한다. 미국의 서민 대부분은 자녀를 공립 고등학교에 보낸다. 공립 고등학교에 다니는 일반 학생들에게 명문 아이비리그 대학 입학은 먼 나라 이야기이다. 반면에 부자들만 가는 미국의 사립 고등학교 학생은 대다수가 아이비리그 대학에 진학한다. 미국의 사립 고등학교는 전 세계 어느 고등학교보다도 공부량이 많다. 그들은 일류대학을 목표로 영어, 수학, 역사, 과학 등의 지식 교육을 받고 인문학을 배운다.

그러나 평범한 서민층의 아이들이 진학하는 공립 고등학교에서는 실용적인 적성 교육, 인성 교육, 기술 교육을 받는다. 그리고 방과 후에는 아르바이트하며 시간을 보낸다. 우리가 영화나 드라마에서 보는 평범함 미국 고등학생의 모습은 공립 고등학교 학생들의 모습이다. 이처럼 미국에서는 부모의 신분과 재력에 따라 아이가 받는 교육의 질이 완전히 다르다. 미국의 교육학자들조차 "공립 고등학교 교육은 아이들을 돌 머리로 만들고, 대충 살게 하는 교육이다"라고 말한다.

미국의 자칭 교육 대통령이라고 자임한 빌 클린턴 전 대통령조차 주위의 비난과 반대를 무릅쓰고 딸 첼시를 사립 고등학교에 보냈는데, 공립과 사립 고등학교의 수준 차이가 심해서 어쩔 수 없었다고 밝혔다. 버락 오바마 전 대통령도 두 딸을 명문 사립 고등학교에 보냈다. 미국에서 자식을 공립 고등학교에 보낸 대통령은 지미 카터 가 유일하다.

하버드 대학교 의과대학 존 레이티(John J. Ratey)교수는 《운동화 신은 뇌》에서 시카고 어느 외곽 지역에 있는 공립 고등학교인 '네이퍼빌 센트럴 고등학교'에서 일어난 일을 '혁명'이라고 하며 높게 평가한 바 있다.

미국의 여느 공립 고등학교와 별 차이가 없던 네이퍼빌 고등학교가 교육 혁명이란 말까지 들은 이유는 무엇일까?

바로 '운동' 때문이다. 네이퍼빌 학생들은 아침 7시 10분부터 운동을 한다. 정확히 말하자면 0교시 체육 수업을 한다. 일단 준비운동을 하고 1.6km를 달리는 이 사소한 차이는 엄청난 결과를 가져왔다. 학생들의 성적이 눈에 띄게 오른 것이다.

'팀스(TIMSS)'는 수학과 과학 과목 수준을 국제적으로 비교하기 위한 시험인데, 그동안 중국, 일본, 싱가포르가 계속해서 미국을 앞질러 왔다. 그러나 0교시 체육 수업을 감행한 네이퍼빌 학생들이 이 시험에서 우수한 성적을 거두었다. 시험에 응시한 전 세계 23만 명의 학생 가운데 수학에서 6등, 과학에서 1등을 차지한 것이다. 미국의 일반 공립 고등학교의 성적이 이렇게 나온 건 기적에 가깝다고 할 수 있다. 다시 말해 '운동'이 공부의 기적을 만든 것이다.

우리나라 학교에서도 네이퍼빌처럼 운동으로 기적을 만들 수 있다. 하지만 예나 지금이나 학교 체육 시간은 자습 시간으로 이용되고 있다. 체육 시간에 체육을 전공한 전문가인 체육 교사에게 운동을 체계적으로 배울 기회를 놓치고 있는 셈이다. 0교시에 엎드려 있거나 그냥 멍하게 앉아만 있다고 해서 공부가 되는 게 아니다. 우리도 네이퍼빌 고등학교를 보고 배워야 한다.

운동이 운명을 바꾼다

미국 심리학자 윌리엄 제임스(William James)는 '마음이 바뀌면 행동이 바뀌고, 행동이 바뀌면 습관이 바뀌며, 습관이 바뀌면 인격이 바뀌고, 인격이 바뀌면 운명이 바뀐다'라고 했다. 이것을 교육 신경학적으로 말하면 '적절한 운동과 식습관, 생활환경을 바꾸면 행동이 바뀌고, 그 바뀐 행동이 뇌 신경의 가소성을 일으켜 습관을 바꾸고, 습관이 바뀌면 인격이 바뀌고, 인격이 바뀌면 운명이 바뀐다'라고 할 수 있다.

하지만 단순히 마음만 바꾼다고 이루어지는 것은 아무것도 없다. 그리고 어렵게 바꾼 마음이 행동을 변화시킬 만큼 의지가 있을 가능성도 희박하다. 그래서 작심삼일이라고 한다.

행동을 변화시키기 위해서는 마음가짐만으로는 부족하다. 인간의 뇌를 조금 딱딱한 찰흙 덩이로 비유할 수 있다. 피트니스센터에서 복근 운동 하면 복근이 만들어지듯이, 뇌도 많이 쓰고, 뇌가 좋아하는 환경을 만들어 주면 형태가 변한다. 이것을 '뇌 가소성'이라고 한다. 나이가 어릴수록 뇌 가소성은 더욱 크다. 인간의 생각과 행동은 뇌세포의 시냅스의 연결 상태에 좌우한다. 뇌는 천억 개 정도의 뉴런으로 이루어져 있고, 뉴런과 뉴런을 잇는 세포 가지인 시냅스가 뻗어 있는데, 이 뉴런과 시냅스가 어떻게 얼마나 얽혀 있는지에 따라 생각과 행동이 결정되는 것이다.

운동을 하면 도파민(보상 물질)과 노르아드레날린(신호 증폭), 세로토닌(serotonin, 뇌의 경찰)이 분비되어 뇌가 바뀌게 된다. 자녀가 공부를 잘하실 바라는가? 그렇다면 '운동'을 시키면 된다.

최고의 운동은 바로 '걷기'이다. 인간에게 걷기보다 완벽한 운동은 없다. 달리기는 관절에 무리가 갈 수 있고, 자전거 타기는 전신 운동이라기엔 부족하다. 하지만 걸으면 뭉친 근육이 풀리고 엔도르핀 수치가 올라 기분이 좋아진다. 또한 뇌 기능을 강화하고, 면역력에 좋은 HDL 콜레스테롤을 높이며, 고지혈증과 동맥경화를 예방한다. 뼈를 튼튼하게 만들고, 심폐기능을 강화하며, 스트레스와 우울증에도 효과가 있다. 두 발로 걷는 인간에게 걷는 것보다 더 좋은 운동은 없을 것이다.

걸을 때는 걷기에만 집중해야 한다. 귀에 이어폰을 꽂고 음악을 들으며 걷거나, 스마트폰을 만지면서 걸어서는 안 된다. 일본의 나가오 가즈히로 박사에 의하면, 러닝머신에서 TV를 보며 걷거나 귀에 이어폰을 꽂고 운동을 하면 오히려 행복전도사라고 할 수 있는 세로토닌 분비를 감소시켜 역효과를 볼 수 있다고 한다.

힘들게 시간을 내서 하는 운동이므로, 굳이 잘못된 방법으로 세로토닌이 분비되지 않게 할 이유는 없다. 게다가 딴짓하며 걷기만큼 위험한 것도 없다. 감각이 둔해져 사고의 위험이 크다. 오로지 걷기에 집중해야 걷는 재미를 깨달을 수 있다. 걷다 보면 생각이 정리되고 예전에 이해되지 않았던 것들이 이해되기 시작하는 등 긍정적인 에너지가 샘솟게 된다. 이것이 행복전도사라고 불리는 '세로토닌 효과'이다. '세로토닌 샤워'라고도 한다. 세로토닌 효과를 보기 위해서는 아무것도 하지 말고 그냥 걷기에 집중하자.

세기의 천재들은 걷기를 좋아했다

머리를 많이 쓰는 직업군에서 탁월한 성과를 내는 사람은 운동을 즐기는 특징이 있다. 그리스의 철학자이며 유물론자인 에피쿠로스(Epikuros)는 기원전 307년경에 아테네 정원 공동체를 만들어 신분과 성별, 나이를 초월해 함께 걸으면서 많은 사람과 철학적인 담소와 우정을 나눴다.

프랑스의 사상가이자 수필가인 몽테뉴(Montaigne, Michel De)도 걸으면서 사유했다. 몽테뉴는 《수상록》에서 다음과 같이 말했다.

"나는 앉아서 생각하면 생각이 잠들어 버린다. 나는 다리를 흔들어 주지 않으면 정신이 움직이지 않는다."

실존주의 철학의 선구자라고 불리는 독일의 니체(Nietzsche, Friedrich Wilhelm)는 거의 매일을 걸었다. 걸으며 사유한 관념의 형상으로 《차라투스트라는 이렇게 말했다》를 썼다.

존 스튜어트 밀도 어린 시절부터 아버지와 걸으며 어제 읽은 책에 대해 토론하고, 위대한 학자로 성장했다. 프랑스의 낭만주의 철학자이자 사상가, 음악가, 교육학자인 루소(Rousseau, Jean Jacques)도 산책을 명상이자 자기치유의 방법으로 삼았다. 걷는 양으로 따지자면 사실 루소가 누구보다 많이 걸었다. 그는 고향인 제네바에서 출발해 프랑스까지 걸었고, 알프스를 넘어 이탈리아의 토리노까지 걸었다. 그는 죽는 날까지 걷기를 내적 고통을 완화하기 위한 수단으로 생각했다. 《고독한 산책자의 몽상》이라는 책에서 그는 이렇게 말했다.

"나는 한 인간이 결코 처할 수 없을 정도로 가장 기이한 처지에 놓인 내 영혼의 일상적 상태를 묘사할 계획을 세우고, 그 계획을 실행하기 위한 가장 간단하고 확실한 방법은 나의 고독한 산책들에 대해, 또한 나의 사고력을 자유롭게 방임하고 아무런 저항도 거리낌도 없이 스스로의 성향을 따라가도록 내버려 둘 때 그 산책들을 가득 채우는 몽상에 대해 충실하게 기록하는 것이라고 생각했다."

이렇게 시대의 천재들은 항상 걸었다.

걸으면 뇌 속에 길이 생긴다

걷기에 가장 많은 영향을 받는 곳은 두뇌이다. 걷기는 작게 오그라든 뇌에 활력을 주어 학습 속도를 빠르게 한다.

걷기가 머리를 좋게 하는 이유는 걸으면 뇌에 도달하는 산소의 양을 늘려 산소가 뇌에 골고루 퍼지게 하기 때문이다. 또한 걷기는 몸속으로 들어오는 산소를 빨아들이는 힘을 키우고 혈액순환에 도움을 준다.

많이 걷는 사람은 산소를 그만큼 더 많이 들이마시기 때문에 뇌에 그만큼 산소를 많이 공급한다. 깨끗한 산소가 혈액 속에 전달되어 심장에서 동맥을 타고 온몸을 쌩쌩 돌아다니며 온몸의 노폐물을 머금고 심장으로 다시 돌아오게 해 혈액순환도 좋다.

2007년 독일 학자들의 '운동과 어휘 학습 속도에 관한 연구'에서 운동 전보다 운동한 후 학습 속도가 20% 빨라지는 걸 확인했다. 운동은 뉴런의 생존에만 필요한 것이 아니라 뉴런의 새로운 가지를 뻗어 나가게 하는 데에도 중요 역할을 한다.

또한, 뉴런 간의 연결을 증가시킨다. 그리고 운동을 하면 동작이 반복되면서 신경섬유에서 절연제 역할을 하는 미엘린(myelin)도 형성된다. 미엘린은 지방질로 된 회색 피막이며 신경세포의 축삭을 감싸고 있다. 미엘린이 많으면 뇌세포는 다른 뇌세포에 빠르고 효율적으로 전기 신호를 전달할 수 있다. 이 신호는 축삭을 통해 더욱더 빠른 속도로 시냅스에 전달한다. 이러한 과정을 '도약 전도(saltatory conduction)'라고 한다.

미엘린은 '아스팔트 포장'으로 비유할 수 있다. 미엘린으로 잘 포장된 고속도로와 미엘린이 포장되지 않은 비포장도로를 정보라는 자동차가 달린다고 생각해보자. 누가 더 빠르고 안전하게 목적지에 도착하겠는가?

아스팔트로 잘 포장된 고속도로 100km와 자갈과 웅덩이 천지인 비포장도로 100km에서 경주를 하면 당연히 고속도로가 훨씬 안전하고 빨리 목적지에 도착한다. 미엘린이 없는 비포장도로에서는 자동차 바퀴가 웅덩이에 빠져 목적지에 도착하지 못할 수도 있다.

걷기와 같은 유산소 운동을 많이 한 사람의 뇌에는 쭉 뻗은 미엘린 고속도로가 잘 깔려 있어 정보의 손실 없이 아주 빠른 속도로 목적지까지 도달할 수 있다. 반면에 걷기를 하지 않아 미엘린이 깔리지 않은 사람의 뇌 속의 정보는 비포장도로를 달리다가 중간에 다 유실되고 만다. 미엘린이 많은 사람의 특징은 짧은 시간에 엄청난 집중력으로 일을 완벽하게 처리하는 것이고, 미엘린이 없는 사람은 이것저것 손만 대고 제대로 하는 일이 별로 없는 것이다.

신경섬유에 미엘린이 형성되면 뇌의 신호와 속도가 향상되면서 뇌 회로의 효율성이 높아진다. 즉, 걷기를 하면 뇌 기능이 활성화되어 집중력이 높아진다. 그리고 걷기는 인지력에 유연성을 주어서 오감을 민감하게 하고, 뇌 신경을 섬세하고 강하게 만든다. 걷기를 하면 생각이 유연해지고, 문제 해결 능력과 창의적 사고가 샘솟는다.

뇌의 경찰 세로토닌

걸으면 뇌에서 행복 호르몬인 '세로토닌'이 분비된다. 세로토닌은 기분을 조절하는 호르몬이다. 학습과 기억력에도 영향을 주고 마음을 진정시키며 안정감을 높인다. 그래서인지 자주 걷는 사람에게는 행복하고 자신감이 넘치는 독특한 표정이 있다. 이것을 바로 '세로토닌 얼굴'이라고 한다. 세로토닌 얼굴은 행복하고, 기분 좋은 얼굴이다. 세로토닌 얼굴을 보고 있으면 주변 사람들도 괜스레 기분이 좋아진다. 세로토닌이 많은 사람은 긍정적이고, 여유로우며 생기가 넘친다.

등산이나 올레길을 걷는 사람들의 인상을 살펴보자. 화내며 산을 오르는 사람을 본 적이 있는가? 찌푸린 얼굴을 하고 안절부절못하며 걷는 사람을 본 적이 있는가? 걷는 사람 대부분은 친절하고 다른 사람을 배려하며 미소 짓고 있다. 분명 등산은 오래 걷기가 힘들고 고된 운동인데 말이다.

힘든 운동임에도 불구하고 많은 사람이 웃으며 걷는 이유는 무엇일까? 그 이유는 걸으면 몸과 뇌의 균형이 잡히고, 균형 잡힌 뇌에서 세로토닌이 얼굴에 반영되기 때문이다.

세로토닌은 뇌 활동을 통제하기 때문에 '뇌의 경찰'이라고도 불린다. 세로토닌은 기분과 충동, 분노 및 공격성을 억제한다. 세로토닌은 항우울제로 쓰이는 플루옥세틴(Fluoxetine) 같은 약품에 사용하는데, 지나치게 활동적인 뇌를 진정시켜서 우울증이나 불안증, 강박증 등에 이르지 않도록 도움을 준다.

우리는 세로토닌이라는 행복 호르몬 덕분에 일과 공부에 집중하고, 긍정적인 마음을 가질 수 있다. 그리고 뇌에서 세로토닌이 나오면 도파민과 뉴런 간의 연결이 강화되면서 의욕과 활력이 생긴다.

이렇게 굉장한 효과를 가지고 있는 세로토닌이 걷기만 해도 나온다니. 중국 황제만 먹었다는 보약도 먹을 필요 없고, 수백 만 원짜리 피트니스센터 회원권도 필요 없다. 그냥 걷기 편한 운동화를 신고 두 팔을 흔들면서 신나게 걷기만 해도 된다.

세로토닌 증가 효과를 보려면 두 손을 가볍게 하고 머릿속을 비운 다음, 당신이 걸을 수 있는 최고 속도에서 50~60% 정도만 힘을 내어걷자. 걷는 게 지겨울 때는 일주일에 한두 번 정도는 달리기와 자전거 타기를 해도 좋다. 그러면 여러분과 자녀들도 곧 기분 좋은 세로토닌 표정을 지을 수 있을 것이다.

좋은 스트레스는 활력을 만든다

걷는 행위는 우리 몸에 의식적으로 스트레스를 주는 행위이다. 하루에 1만 보 이상 걸으면 당신은 몸에 작은 스트레스를 1만 번 반복해서 준 것이다. 이런 스트레스를 긍정적 스트레스(eustress)라고 부른다.

몸과 마음이 자극에 지나치게 민감할 때는 좋은 외부 자극을 주는 게 좋다. 가장 자연스러운 자극은 추우면 추운 대로, 더우면 더운 대로 세상을 느끼며 걷는 것이다. 그게 바로 자연이 주는 천연 자극이다. 과연 인간은 자연이 주는 자극 없이도 지구상에서 살아남을 수 있었을까? 인류는 250만 년 동안 자연이 주는 자극에 충실히 적응했기에 지금까지 살아남아서 진화했고, 현재의 인류가 될 수 있었다. 하지만 어떤 사람은 아무런 자극 없는, 마치 인큐베이터 같은 환경을 만들어 놓고 그곳에서만 살기만을 바란다. 이런 행동은 바로 인류의 진화를 역행하는 것이다.

남들 일어날 때 일어나서 과일과 채소, 고기로 균형 잡힌 식사를 하고, 열심히 움직이면 몸과 마음의 모든 문제가 자연스레 해결된다. 이렇게 사는 것이 가장 인간다운 삶이다.

사람은 몸과 마음, 그리고 모든 신체 기관이 하나로 연결된 유기체이다. 몸에 좋은 음식을 먹고 운동을 하면 몸과 마음이 건강해진다. 이런 건전하고 좋은 식생활은 여러분에게 상쾌한 기분이 들게 하고, 몸과 마음에 활력을 선사하며 질병을 극복할 힘을 준다.

걸으면 머리가 좋아지는 이유

1) 뇌에 도달하는 산소의 양이 많아진다

습관적으로 많이 걷는 사람은 산소를 들이마시는 힘이 좋아 뇌에 많은 산소가 공급된다.

2) 혈액순환이 좋아진다

걸으면 깨끗한 산소를 머금은 혈액이 심장을 출발해 동맥을 타고 온몸 구석구석을 돌아다닌다. 그리고 정맥을 타고 몸속 노폐물을 회수해 다시 심장으로 돌아온다.

3) 종아리 근육을 만든다

혈액은 심장에서 가장 멀리 떨어진 다리에서 심장으로 돌아온다. 다시 돌아오려면 중력을 거슬러야 하므로 많은 힘이 필요하다. 이때 혈액이 심장으로 거슬러 오르게 하는 부위가 '종아리 근육'이다. 종아리 근육은 수축과 팽창을 통해 펌프 역할을 하여 혈액순환을 돕는다. 이런 종아리 근육을 강화하는 운동이 걷기이다. 걸으면 다리에서 심장까지 혈액이 밀려 올라가게 만들어 혈액 순환을 좋게 한다.

4) 발을 자극한다

발은 외부 정보를 받아들여 뇌에 전해주는 역할을 한다. 한마디로 발은 뇌의 '출장 기관'이라고도 할 수 있다. 발이 땅을 디딜 때마다 뇌의 출장 기관인 발이 뇌를 자극한다. 즉, 발이 움직이면 뇌도 움직인다.

5) 행복을 만든다

걷기 시작한지 15분이 지나면 뇌 안에서 '베타 엔도르핀'이 나와 기분이 좋아진다. 그리고 20분 후에는 희망 호르몬인 '도파민'이 분비된다. 그리고 35분이 지나면 행복 호르몬 '세로토닌'이 분비된다.

바른 걷기 방법

- 어깨와 등을 곧게 펴고 10m 앞에 시선을 둔 다음, 4~6km 정도로 걷는다. 같은 속도로 걷기보다는 빨리 걷기와 천천히 걷기를 반복하는 것이 좋다. 걷는 시간이 100분이라면 10분 정도는 전속력으로 걷는다.

- 천천히 걸을 땐 팔꿈치를 살짝 구부리고, 빨리 걸을 땐 90도 정도 구부려 힘차게 걷는다. 팔을 잘못 구부리면 12~26%의 힘이 더 든다고 한다.

- 팔자걸음이나 오자 걸음이 되지 않도록 주의하면서 걷는다. 앞을 보면서 걷되, 한 번씩 발걸음을 확인한다.

- **걷기 전용 운동화를 산다. 걷기 전용 운동화는 발뒤꿈치의 모서리가 먼저 땅에 닿기 때문에 걷기에 더 효율적이다. 돈이 들더라도 마련하는 것이 좋다.**

- **가능하면 자연 속 흙길을 걷는다. 흙길을 걸으면 흙 속의 '마이코박테륨 박케(Mycobacterium vaccae)' 균주가 머리를 맑게 한다. 또한 자연이 주는 녹색은 행복함과 자존감을 높인다.**

감각을 마비시킨 사람들 '스몸비'

신촌에서 택시를 타고 가다가 기겁한 적이 있다. 빨간불인데, 한 학생이 귀에 이어폰을 꽂고 스마트폰을 본채로 차도로 뛰어든 것이다. 택시기사는 급브레이크를 밟았고, 충돌 직전에 멈춰 섰다. 택시기사는 너무 놀라 손까지 떨었고, 뒷자리에 앉았던 나는 무릎위에 놓았던 책과 가방을 떨어뜨리고 말았다. 택시기사는 경적을 울리며 창문을 내리고 큰소리쳤지만, 학생은 듣지도 않고 스마트폰만 '뚫어져라' 쳐다보며 그대로 지나갔다. 아무 소리도 듣지 못한 듯싶었다. 그 학생을 제외한 거리의 모든 사람이 놀랐는데도 말이다. 택시기사는 큰일 날 뻔했다며 흥분을 가라앉히지 못하였고, 나 또한 놀란 가슴을 쓸어내렸다.

택시기사에게 "이런 일이 자주 있느냐?"고 물어보니 아주 많다고 했다. 그 학생을 자세히는 못 봤지만, 스마트폰으로 동영상을 보는 것 같기도 했고, 게임을 하는 것 같기도 했다. 그 학생은 눈과 귀를 마비시키고 위험천만한 삶을 살고 있다. 스마트폰을 보면서 걷는 사람들은 모두 멀티태스킹을 하며 효율적인 삶을 살고 있다고 생각하겠지만, 사실 그렇지 않다. 앞에서 말했듯이, 뇌는 한번에 하나의 일밖에 처리하지 못한다.

이렇게 스마트폰을 하며 주변 상황을 인식하지 못하는 사람들을 '스몸비(스마트폰+좀비)'라고 한다. 이제는 초등학교 등하굣길을 이렇게 걷는 '스몸비 키즈'까지 등장했다. 초등학생까지 스마트폰에 빠져 사고에 무방비로 노출되는 것이다.

이렇게 우리는 온종일 자신의 신체와 감각을 분리하고 위험에 노출시키고 있다. 종일 누군가와 소통하는 것 같지만 소외감과 외로움으로 괴로워하고, 자신이 누구인지 내가 어디에 있어야 하는지도 모른채 우울증에 시달린다. 왜 이런 일이 벌어졌을까?

불과 100년 전만 해도 인간은 살아남기 위해 신체의 모든 감각을 사용해야만 했다. 과거 인간은 시각, 청각, 후각, 미각, 촉각을 다 사용하지 않으면 생존하기 힘들었다.

숲으로 버섯을 캐러 간다고 생각해보자. 먼저 집에서 산까지 한참을 걸어갔을 것이다. 그리고 눈으로 버섯을 찾고, 코로 냄새를 맡고, 손으로 만지고 입으로 맛을 보며 먹을 수 있는 버섯인지 살폈을 것이다. 하다못해 버섯 하나 캐는 데도 온몸의 감각을 다 사용했던 사람들이 이제는 스마트폰과 컴퓨터 화면 말고는 거의 관심을 두지 않고 있다.

이렇게 감각을 사용하지 않는 생활이 반복되면, 감각이 무뎌져 결국 자신의 몸과 뇌의 통제권도 잃게 된다. 머리와 몸의 연결이 약화된 것이다.

쓰지 않아서 무뎌진 신체적 감각은 뇌의 인지 능력도 떨어뜨린다. 택시에 치일 뻔한 그 학생도 무뎌진 감각 때문에 자신이 어떤 위험한 상황에 놓였는지도 모르고 살아간다. 그 학생은 앞으로도 운이 계속 따라 준다면 별 탈 없이 살 수도 있겠지만 자칫하면 사고를 당할 수도 있다.

사용하지 않는 기관은 약해진다. 신체 균형이 깨지고, 여러 가지 정신적, 신체적 문제가 나타나게 된다. 그중의 하나가 바로 우울증이다.

ADHD와 태권도

앞에서도 설명한 것과 같이 ADHD 환자는 전전두엽 피질에 문제가 있다. ADHD는 별로 중요하지 않은 자극에 민감하게 반응하거나 운동 충동에 대한 관심을 억제하지 못한다. 그래서 자기 생각과 행동의 통제에 어려움을 겪고, 학창 시절에는 부모와 교사 등 권위 있는 사람에게 반감을 품기도 한다. 또한 반복된 실패로 인해 자아 존중감과 자신감이 낮고, 충동적인 행동으로 친구들과의 관계도 좋지 않은 경우가 많다.

ADHD는 주의력 체계를 조절하는 노르아드레날린 도파민의 불균형에 있다. 운동은 이 두 신경전달물질의 수치를 증가시켜 ADHD 증세를 가라앉힌다.

2006년 일리노이 대학의 교수 아서 클레이머(Arthur Claymer)의 연구에 따르면 6개월간 간 일주일에 3회만 걷기 운동을 해도 전전두엽 피질의 부피가 늘어난다고 한다. 호프스트라 대학의 실험에서는 일주일에 두 번 무술을 배운 아이들이 학업 성적이 높았던 적도 있다. ADHD는 전전두엽 피질의 문제이므로 전전두엽 피질의 부피가 늘어나면서 효과가 있었다고 유추할 수 있다.

교육 현장에 있다보면 ADHD 아동을 흔히 볼 수 있다. ADHD 아동의 부모 중 일부는 차라리 자유롭게 뛰어노는 게 좋지 않을까 싶어 그냥 두는 경우가 있다. 하지만 자유롭게 두는 것보다 엄격한 규율이 있는 운동을 하는 게 훨씬 도움이 된다. 증세가 심각하다면 병원에서 가서 전문가와 상담을 받고, 증세가 가볍다면 심리 상담과 동시에 태권도나 합기도, 킥복싱, 복싱, 검도, 체육관에 보내면 상태를 호전시킬 수 있다.

어느 부모에게 학생을 태권도를 한 번 시켜보는 게 좋을 것 같다고 조언한 적이 있다. 그 부모는 내게 "가뜩이나 산만하고 행동 조절이 안 되는 아이인데 태권도까지 배워서 공격성이 늘면 어떻게 해요?"라고 물었다. 언뜻 듣기에 맞는 말 같지만 괜한 걱정이다. 모순적으로 들릴 수 있지만, 공격적인 스포츠가 도리어 공격적인 성향을 줄일 수 있다.

무술은 집중력, 절제력, 감정적 안정성을 향상시킨다. 또한 무술을 익히는 과정에서 공격성이 눈에 띄게 줄어든다. ADHD와 무술에 관한 논문은 300편 이상 연구되었고 지금도 많은 학자가 연구하고 있다. ADHD 아동을 똑똑하고 건강하게 키우고 싶은가? 그러면 그 아이의 손에서 스마트폰을 뺏고 도복을 입히면 된다.

걷기가 만드는 변화의 시간

사람은 쉽게 변하지 않는다. 왜냐하면, 우리 머릿속에 있는 신경세포는 뇌의 일부분을 제외하고는 증식 능력이 없기 때문이다. 만약에 뇌 속에 있는 신경세포가 새로운 세포로 교체된다면 어떻게 될 것인지 상상해보자.

신경세포 하나하나가 모여 당신의 성격과 습관 행동을 지배해왔으므로, 교체가 가능하다면 당신은 완전히 다른 사람으로 바뀔 것이다. 세포 교체가 심할 때는 밤과 낮에 완전히 다른 인격체가 되어 있을 수 있다. 다행인지 불행인지 뇌의 신경세포는 증식 능력이 없기 때문에 사람은 바뀌지 않는다. 하지만 걷기는 여러분을 변화시킬 것이다. 걷기의 힘은 아주 확실하면서 강력하다.

걷기가 여러분을 얼마나 변하게 할지 그 누구도 알 수 없다. 하지만 걷기를 하면 분명히 긍정적으로 변할 수 있다. 삶의 방향이 잘못되면 열심히 살수록 더 잘못된 삶을 살아가게 마련이다. 이와는 반대로 많이 걷고, 좋은 음식을 먹고, 바르게 생각하는 훈련을 한 사람은 삶의 방향을 바르게 조정해서 꿈을 향해 전진한다. 처음엔 변화의 속도가 너무 느려서 답답할 수 있다. '변화의 속도가 이렇게 느리면 도대체 언제 목적지에 도달할 수 있을까?'라고 생각할 수도 있다. 어쩌면 인생의 엉킨 실타래를 단번에 해결하고 싶은 마음이 인지상정이다.

뇌의 변화는 느리고 더딜 수밖에 없다. 뇌는 변화의 필요성에 따라 뉴런을 새롭게 배치하고, 새로운 시냅스를 만들고 배치한다. 인간의 변화는 수많은 뇌세포와 신체의 매카니즘을 바꾸는 것이다. 당연히 시간이 걸린다.

앞서 말한 시냅스는, 뉴런과 뉴런 간의 환승역이라고 생각하면 된다. 사람이 한꺼번에 몰리면 역이 마비되듯이, 준비되지 않은 사람이 갑자기 한번에 모든 걸 바꾸고 싶어 하면 무리가 가고 쉽게 포기해 버릴 수밖에 없다.

하루에 1시간도 공부하지 않는 학생이 지금부터 하루에 14시간씩 공부하겠다며 계획을 짜고 공부하면 작심삼일도 아닌 작심 하루만에 포기하게 되는 것과 같다. 포기하지 않고 끝까지 해내고 싶다면 성공을 위해 자신이 변해야 한다는 것과 그 변화에는 시간이 걸린다는 것을 인정하자.

CHAPTER 18

뇌가 좋아지는 '브레인 푸드'

음식이 그대의 약이 되게 하고, 약이 그대의 음식이 되게 하라.

히포크라테스(Hippocrates)

뇌는 대식가다

우리의 뇌는 에너지를 어마어마하게 소비하는 기관이다. 뇌의 무게는 체중의 2~3%밖에 되지 않지만, 산소나 포도당(글루코스) 등의 에너지원 전체의 20% 정도를 소비한다. 뇌가 왜 포도당만을 에너지원으로 삼고 있는지는 알 수 없다. 그 포도당이 조금만 부족해도 주의력이 분산되고, 머리가 멍해진다. 소위 '멍 때림' 현상은 뇌의 에너지원인 포도당이 부족해서 생기는 현상이라 할 수 있다.

아침에 조금이라도 더 자고 싶은 생각에 아침밥을 포기하고 잠을 잔다면 그날의 컨디션을 포기한 것이나 다름없다. 수업 시간에 집중할 수 없고, 시험을 보는 날이면 아는 문제도 모두 틀릴 것이다.

아침 식사를 충분히 해 포도당을 보충하면 뇌의 움직임이 활발해진다. 우리가 배고픔을 느끼는 이유도 몸에서 '에너지가 부족해'라는 신호를 뇌로 보내기 때문이다.

잘 먹는 사람이 똑똑하다

사람은 맛있는 걸 좋아한다. 맛있는 걸 먹으면 쾌감을 느끼기 때문이다. 이 쾌감은 A10 신경을 타고 뇌와 온몸으로 전해진다. 이때 뇌속의 마약이라고 불리는 베타 엔도르핀이 분비되면서 자율신경도 함께 향상해 기분이 좋다. 갑자기 당신이 어떤 특정한 음식이 먹고 싶다면 그 음식 속의 어떤 특별한 성분이 당신의 몸에 부족하기 때문이다. 즉, 당신이 뭔가를 먹고 싶다는 것은 몸이 필요한 영양소를 챙기려는 신호일 수 있다. 그렇다고 먹고 싶은 걸 무턱대고 많이 먹다 보면 비만이 된다.

비만율은 사회적, 경제적 측면에서 차이가 있다. 소득이 낮을수록 뚱뚱하고 건강하지 못하며, 소득이 높을수록 날씬하고 건강하다. 구태여 논문을 살피지 않더라도 요즘 유행하는 미국 드라마나 영화를 봐도 알 수 있다. 미국의 고학력, 고소득층은 날씬하고, 멀끔하다. 저

학력, 저소득층은 대부분 아프리카계나 히스패닉계이면서 뚱뚱하고 멀끔하지 못하다. 실제 미국에서 흔히 볼 수 있는 모습이고, 이런 현상을 미국 영화나 드라마에서 각색해서 보여주는 것이다.

최근까지 발표된 국내외 여러 논문에서도 이와 같은 사실을 확인할 수 있다. 저소득층이고 비만인 사람은 탄수화물을 섭취하는 방법으로 밥과 감자, 고구마를 먹었고, 특히 패스트푸드를 자주 먹었다. 저소득층은 고소득층을 비교했을 때 영양 불균형이 크고, 영양 밀도가 낮았다.

일반적으로 사회경제적 수준이 낮은 사람은 비싸고 건강에 좋은 식품을 섭취하기 어렵다. 그래서 에너지 밀도가 높은 고지방, 고열량 식품과 백미와 같은 정제된 곡류, 그리고 설탕이 많이 들어간 음식을 선택한다. 비만은 단순히 열량을 과하게 섭취하는 것 외에 영양 불균형이 원인인 경우가 많다. 특히 비타민과 무기질과 같은 필수 영양소의 섭취 부족이 많은 건강상의 문제를 야기하고 있다. 우리 몸에 있어 이러한 미량의 필수 영양소는 만성질환을 예방하고 치료하는 데 꼭 필요하다. 그리고 비만한 사람들은 과일과 채소, 그리고 유제품의 섭취도 부족하다.

'아연이 결핍된 식사를 한 저소득층의 아이들은 좋은 식생활을 한 아이들보다 지능과 성장이 뒤떨어진다'는 연구가 있다. 미국 저소득층의 아이들은 채소를 잘 섭취하지 못한다. 게다가 인스턴트 음식과 가공식품에 함유된 화학 첨가물이 그나마 인체에 남아있던 아연을 몸 밖으로 배출시켜 버려 심각한 영양 불균형을 이뤘다. 영양 불균형과 운동 부족은 당뇨병과 대사증후군의 위험도를 높인다. 비록 미국의 연구 결과지만 우리나라의 상황도 비슷할 것이다.

부모의 무관심이 만드는 비만

아이들에게 비만과 영양 불균형은 매우 심각한 문제이다. 부모의 잘못된 식습관과 운동 부족은 아이에게 그대로 대물림된다. 살찌기 쉬운 유전자를 물려주는 것보다, 살찌기 쉬운 생활 방식을 물려주는 것이 더 심각한 문제이다.

아이의 비만은 부모의 무관심에서 시작된 경우가 많다. 건강에 대한 무관심은 자신뿐만 아니라 아이에게도 고통을 준다. 식습관에 무관심하고 무지한 부모는 자신의 아이들에게 인생이라는 긴 여정을 출발하기도 전에 실패를 예약해 두는 것과 같다.

운동 부족과 영양 불균형은 질병을 유발할 뿐 아니라 뇌에도 심각한 타격을 준다. 달고 자극적인 음식이 뇌에 좋을 리 없다. 반대로 머리가 좋고 건강한 아이들은 질 좋은 음식을 골고루 먹는다.

브레인 푸드를 먹으면 머리가 똑똑해진다는 것은 많이 알려진 사실이다. 몸이 살찌면 뇌는 마른다는 사실을 명심해야 한다.

왜 저소득층은 잘못된 선택을 할까?

저소득층은 금전적인 여유가 없다. 그래서 질 좋은 음식을 선택할 수 없고, 직장에서 받은 스트레스를 풀 여가를 즐길 수도 없다. 결국, 이들은 잘못된 결정을 한다. 운동은 하지 않고, 패스트푸드를 자주 먹으며, 술과 담배를 한다.

그렇다면 왜 저소득층 사람들은 잘못된 결정을 내리는 걸까?

"가난은 인격적 결함에서 온다(Poverty is personality defect)"라고 말한 사람이 있다. 영국 정치의 새로운 바람을 몰고 온 마거릿 대처(Margaret Thatcher)이다. 대처는 저소득층은 그 사람들 자체에 문제가 있어 가난한 것이라고 말했다. 그렇다면 대처의 말대로 정말 가난한 사람들은 인격적 결함 때문에 많은 스트레스를 받고, 대출을 받고 술과 담배를 많이 하는 걸까?

프린스턴 대학교 옐다 사퍼(Yelda Sapper) 교수의 흥미로운 연구가 있다. 이 연구팀은 가난으로 인한 자살률이 높은 인도의 사탕수수 농민들을 관찰했다. 농민들은 사탕수수를 수확한 직후 연 수입의 60%를 한꺼번에 받는다. 수입의 60% 받은 때는 나름 부유하게 지내지만, 돈이 바닥나고 나면 가난하게 살 수밖에 없는 구조였다. 연구팀은 농부들이 돈을 받았을 때와 돈이 다 떨어져 극도로 빈곤할 때를 구분해 IQ를 측정해 보았다.

연구 결과는 놀라웠다. 부유할 때보다 빈곤할 때의 IQ 점수가 무려 14점이나 낮았던 것이다. 생존에 필요한 무언가가 결핍되면 사람들은 정상적으로 사고하고 행동하지 못한다. 즉, 저소득층은 인격적 결함으로 가난해지거나 잘못된 선택을 하는 것이 아니라, 잘못된 선택을 할수밖에 없는 환경과 구조에 놓였기 때문이다.

마거릿 대처의 아버지는 젊었을 때 잠깐 식료품점을 운영하기도 했지만, 그 후 시의원을 거쳐 그랜덤의 시장이 되었다. 마거릿 대처는 아버지의 지원 아래 옥스퍼드 대학을 졸업해 변호사가 되었고, 국회의원과 장관, 그리고 수상까지 올라갔다. 만약 대처가 시장의 딸인 아닌 인도 사탕수수 농민의 딸로 태어났다면 어떤 삶을 살았을까? 그때도 그녀는 저소득층이 인격적 결함 때문에 가난하다는 말을 할 수 있을지 궁금하다.

'약한 자들을 보살필 때 국가는 강해지고, 가난한 자들을 보살필 때 국가는 부유해지며, 위기에 처한 자들을 보살필 때 국가는 튼튼해진다'라는 말이 있다.

가난한 사람들이 악순환의 고리를 끊지 못하는 건 악순환의 고리 안에서 태어나고 자랐기 때문이다. 궁핍한 환경은 사람을 공격적이고, 스트레스에 민감하게 만든다. 그리고 술과 담배와 같은 나쁜 습관에 물들인다. 가난한 그들에게 악순환의 고리를 끊는 방법을 교육하고, 나쁜 습관의 고리를 끊을 힘을 기르게 도와야 한다.

부모와 교사는 아이에게 집과 교실에서 말과 책으로 수영하는 방법만 가르치고, 폭풍우가 치는 세상이라는 난폭한 바다에 던져버리는 행동을 해서는 안 된다.

교육은 아이들이 살아가는 데 있어서 '언젠가 생존에 필요한 도구를 만드는 것'이라 할 수 있다. 인생이란 거친 바다를 항해하기 위해서는 배와 연료, 수리 도구가 필요하다. 아이들에게 좋은 생활환경을 제공하는 것은 배의 연료를 가득 채우는 일이고, 아이들을 교육하는 것은 배가 항해할 때 발생하는 문제를 해결하고, 자신의 항로를 개척하기 위해 필요한 수리 도구를 만드는 것이다.

건강한 음식이 행복한 학창 시절을 만든다

적절한 운동과 바른 식습관은 공부 능률을 높인다. 뇌가 능률적으로 움직이는 것이다. 그리고 건강한 뇌는 스트레스를 받아도 그냥 흘려보내고, 일에 집중하는 힘을 실어주며 경쟁을 즐길 수 있게 한다.

이런 뇌를 가진 사람에게 경쟁은 스트레스가 아니라 도전 의식을 불러일으키는 흥분되는 게임일 뿐이다. 뇌가 건강한 그들은 공부와 일을 재미있는 놀이라고 인식하기 때문에 뇌에서 도전하고 성취했을 때 나오는 '쾌감' 신경전달물질인 도파민이 나온다. 한마디로 도파민은 '성취 후 쾌감' 물질이다.

도파민은 공부하면 할수록 더 많이 나와 '공부 도파민 중독'에 걸리는 학생들도 더러 있다. 이들은 공부가 너무 재미 있어 종일 공부만 한다. 이런 상태를 '몰입'이라 한다. 공부에 몰입하는 자녀가 있는 부모는 행복한 고민에 빠지곤 한다. '어떻게 하면 공부를 좀 덜 하게 할까. 어떻게 하면 잠을 더 재울 수 있지? 나중에 아이의 직업으로 과학자가 좋을까, 교수가 좋을까, 아니면 의사를 시킬까?' 이런 행복한 고민 덕분에 부모의 삶도 행복하다.

그러나 운동도, 제대로 된 식사도 하지 않는 경우에는 정반대 현상이 일어난다. 공부하려고 앉아 있어도 수업 내용이 전혀 머리에 들어오지 않는다. 앉아 있는 게 고역이다. 때마침 집중하지 못하고 딴짓을 하다가 선생님에게 걸려 꾸중이라도 들으면 더 큰 스트레스를 받는다. 방과 후 집에 돌아오면 학교에서 받은 스트레스를 푼다면서 소파에 누워 TV를 보거나 게임을 한다. 지나가던 부모가 이런 한심한 모습을 보고 잔소리라도 하면 참았던 화가 폭발해 버린다. 매일 이런 일이 반복되니 자신감이 없어지고 짜증만 난다.

사람은 짜증이 나거나 스트레스를 받으면 '코르티솔(Cortisol)'이라는 호르몬이 나온다. 코르티솔은 도망을 가거나 싸울 때 힘을 실어주는 호르몬이다. 별명을 붙이자면 '선택과 집중' 호르몬으로, 인간이 진화하면서 생존을 위해 만들어진 호르몬이다. 코르티솔은 '스트레스 호르몬=나쁜 호르몬'이라고 잘못 알고 있는 사람이 많다. 그 오해를 풀기 위해 코르티솔의 역할에 대해 더 자세히 설명하겠다.

수만 년 전에 우리 조상이 길을 가다가 맹수와 맞닥트리게 됐다고 상상해 보자. 절체절명의 위기에 처한 우리의 조상은 살아남기 위해 둘 중 하나를 선택해야만 했다.

하나는 도망치는 것이고, 다른 하나는 맹수와 맞서 죽기 살기로 싸우는 것이다. 도망갈 곳이 있으면 다행이지만, 없다면 맹수와 맞서 싸우는 수밖에 없다. 맹수와 맞서 싸우기 위해서는 모든 신경과 정신을 한곳에 모아야 한다. 불필요한 근육의 움직임은 최대한 줄이고 싸움에 필요한 근육에 에너지를 집중해야 한다. 이런 역할을 하라고 분비되는 게 바로 코르티솔이다. 즉, 코르티솔은 우리의 생존에 반드시 필요한 호르몬이다.

앞서 말한 선생님과 부모에게 혼쭐이 난 학생은 공부할 때 즐거운 신경전달물질인 도파민이 나오는 게 아니라 스트레스 호르몬인 코르티솔이 분비된다. 이 학생에게 공부란 즐거움이 아니라 회피해야 할 스트레스이다. 잔소리하는 선생님과 부모를 야생에서 만나는 맹수라 여겨, 맹수가 강하면 회피하지만 약하면 공격한다. 이런 악순환이 학창 시절 내내 지속된다고 생각해보라. 학창 시절 12년은 두 번 다시 기억하고 싶지 않은 악몽과 같을 것이고, 학교는 고통의 사육장으로 기억될 것이다.

이런 상황까지 몰고 가지 않으려면 여러분의 자녀가 스마트폰과 TV를 보는 대신 책을 읽거나 걷게 하고, 패스트푸드 대신에 질 좋은 음식을 먹게 하며, 음료수 대신에 물을 마시게 해야 한다.

세로토닌은 장에서 나온다

많이 걷고 좋은 음식을 먹으면 장이 좋아진다. 장이 좋지 않은 사람은 쉽게 화를 내고, 짜증을 부린다. 기분이 갑자기 나빠지고, 주위 사람을 힘들게 한다. 화를 풀 데가 없으면 인터넷에 악성 댓글이라도 달아 얼굴도 모르는 사람에게 상처를 준다. 하지만 악성 댓글의 효과는 그리 길지 않다. 더 쉽게 스트레스 받고 화를 내는 악순환에 빠질 뿐이다. 결국 주위 사람들조차 떠난다.

인간의 장에는 3만 종 이상의 세균이 1,000조 개 이상 산다. 행복호르몬이라고 불리는 세로토닌이 분비된다. 장이 좋지 않으면 세로토닌이 잘 만들어지지 않고, 조절이 잘 안 되니 우울하고, 쉽게 스트레스를 받고 화를 내는 것이다.

최고의 치료법은 과일, 산나물, 채소와 같은 식이섬유가 풍부한 음식과 요구르트, 치즈와 같은 유제품을 많이 먹고 오래 걷는 것이다. 장에 좋은 음식을 먹고 걸으면 자율신경 기능이 개선되고 장의 기능이 조절되어 몸의 모든 기능이 정상으로 되돌아간다. 물론 장 기능뿐만 아니라 뇌의 호르몬 균형도 안정 되어 뇌 기능도 향상된다.

오래 씹어야 똑똑하다

요즘 사람들은 먹기 편한 음식을 선호한다. 질긴 고기보다는 입에서 녹는 고기를 더 좋아한다. '고기가 입에서 살살 녹는다'란 표현이 맛집 최고의 찬사가 되었다.

요즘 우리는 씹을 일이 별로 없다. 피트니스를 하는 사람 중에 밥 대신 단백질 셰이크를 마시는 사람도 있다. 드디어 고기를 물과 함께 마시는 시대가 온 것이다.

그러나 인간은 음식물을 씹으면서 생기는 턱의 자극으로 뇌를 발달시키면서 진화했다. 즉, 음식을 씹을 때 생기는 턱의 자극이 뇌를 활성화해 머리를 똑똑하게 만든 것이다. 씹으면 쾌감 신경에서 베타 엔도르핀이 분비되고 자율신경도 그에 보조를 맞춰 온몸이 기분 좋은 상태로 빠져든다. 베타 엔도르핀은 극심한 공포나 긴장, 어떤 일에 몰입하게 되었을 때 진정 효과를 나타낸다. 그래서 야구 선수들이 그라운드에서 껌을 씹는 것이다.

인간의 생명과 건강을 유지하기 위해 꼭 필요한 씹기를 하지 않고 음식을 삼킨다면 머리가 나빠지고, 감각이 둔해지며, 몸의 생명력을 잃게 된다. 희망을 만나고 싶은가? 그렇다면 일단 배고플 때까지 걷고, 규칙적인 식사를 하고, 건강에 좋은 음식을 많이 씹어서 먹으면 된다.

브레인 푸드를 먹자

인간의 두뇌 회로는 아주 민감하다. 특히 운동을 하지 않고, 질이 낮은 음식을 먹거나, 잠을 못 자면 뇌의 회로는 엉망이 된다. 그러나

'브레인 푸드'를 먹으면 우리 뇌가 활성화된다.

뇌에 좋은 음식은 뇌의 신경세포 성장을 촉진하고 신경전달물질을 활발히 전송하며, 혈액 속에 산소 공급을 원활하게 한다. 그래서 브레인 푸드를 '뇌의 보약'이라 부르기도 한다. 브레인 푸드를 먹으면 운동했을 때와 마찬가지로 'BDNF(뇌유래신경영양인자)'가 만들어지고, 뇌로 전달되는 혈액의 양이 늘어난다. 또한 대뇌 피질이 두꺼워지고 해마가 커져서 저장되는 정보도 많아진다. 머리를 똑똑하게 만드는 대표적인 브레인 푸드를 소개한다.

• **달걀**

영국 케임브리지 대학교에서는 달걀을 먹으면 정신이 맑아진다는 사실을 발견했다. 달걀 중에서도 흰자에 있는 단백질 성분이 컨디션을 좋게 만들고 뇌세포를 활성화시킨다. 미국의 코넬 대학교 연구팀은 임신부가 달걀을 많이 먹으면 머리가 좋은 아이를 낳을 가능성이 높다는 연구 결과를 발표하기도 했다.

• **사과**

사과는 대표적인 칼륨 식품이며 식이섬유가 풍부하다. 그리고 껍질에는 암 발생 위험을 줄여주는 항산화제인 '쿼세틴(quercetin)'이 풍부하다. 쿼세틴은 동맥경화반의 생성을 막고 고혈압을 줄인다. 사과를 꾸준히 먹은 여성의 경우 심장마비와 뇌졸중 위험이 20% 정도 낮고 수명은 10% 가량 높다는 연구도 있다.

• **고구마**

고구마는 장수로 유명한 오키나와 사람들이 즐겨 먹는 음식이다. 고구마에 많이 함유된 베타카로틴은 두뇌를 보호하고, 치매 예방에도 도움이 된다.

• **블루베리**

영국 레딩 대학교에서 2012년 발표한 연구에 따르면 블루베리를 먹은 쥐의 해마에서 BDNF 수치가 증가했다고 한다. 블루베리가 뇌를 성장시킨다는 것을 증명한 셈이다. 블루베리를 많이 먹으면 인지 능력을 평균 2년 정도 늦출 수 있다는 연구도 있다.

• **코코아**

다크 초콜릿의 원료가 되는 코코아에는 마그네슘, 철분, 아연이 풍부하고 항산화 물질인 플라보노이드가 많다. 《저널 오브 메디신》에 게재된 연구에 따르면, 카카오 소비가 많은 나라가 소비가 적은 나라에 비해 노벨상 수상자를 더 많이 배출한다고 한다. 초콜릿을 먹는다면 코코아 함유량이 70% 이상의 다크 초콜릿을 선택하자.

• **시금치**

시금치에도 항산화 물질이 다량 함유되어 있다. 또한, 시금치의 엽산은 두뇌 기능을 강화하고, 체내 수소이온농도(pH)를 조절한다. 엽산이 많은 음식을 먹으면, 기억력과 사고력이 향상되며, 시금치를 하루에 한 번 이상 먹는 사람들은 그렇지 않은 사람들에 비교해 인지력 감퇴가 덜 한 것으로 나타났다.

• **포도**

미국 신시내티 대학교 연구팀에 따르면, 인지가 약간 떨어지는 사람에게 포도 주스를 마시게 하니 기억력과 학습 능력이 향상되었다고 한다. 동물 실험에서도 비슷한 효과가 나타났다.

• **생선**

연어나 참치, 고등어 같은 생선에 다량 함유된 오메가3는 우울증을 예방하고 기억력을 향상시키며 숙면에 도움을 준다. 특히 연어에는 뇌세포 건강에 필수적인 비타민 B12가 많이 들었다.

• **올리브유**

올리브유에 함유된 불포화지방산은 몸에 해로운 LDL콜레스테롤을 연소시키고, 몸에 유익한 HDL콜레스테롤을 늘린다. 그리고 폴리페놀은 학습 능력과 기억력을 향상하고 알츠하이머병의 위험률도 저하시킨다.

CHAPTER 19

우등생을 만드는 '수면'

> 신은 현세에 있어서 여러 가지 근심의 보상으로
> 우리들에게 희망과 수면을 주었다.
>
> 볼테르(Voltaire)

몸과 마음의 휴식, 잠자기

사람은 하루 8시간 정도의 잠을 잔다. 즉, 하루의 1/3, 인생의 1/3이나 잔다. 너무 많이 자는 것 같은가? 사람은 왜 이렇게 많이 잘까? 바로 피로 회복과 뇌의 휴식 때문이다. 잠을 자는 동안에는 성장호르몬이 나와 매일 5,000억~1조 개의 세포를 재생한다.

성인은 '이 나이에 무슨 성장호르몬이 필요하겠어?'라고 생각할 수도 있다. 하지만 성장호르몬은 영유아기와 청소년기의 성장에 관여할 뿐 아니라 단백질 합성을 증진하고, 손상된 뼈와 근육의 조직을 복구하는 기능이 있다. 즉, 몸의 노화를 늦춘다.

이 성장호르몬은 보통 잠든 후 2~3시간 있다가 분비되므로 밤 11시에 잠이 들면 새벽 1~2시에 많이 나온다.

잠을 자더라도 인간의 대뇌는 완전히 잠들지 않고, 자고 깨는 일을 몇 시간마다 반복한다. 잠에는 얕은 잠과 깊은 잠이 있는데, 얕은 잠을 잘 때에는 안구가 이리저리 움직이고, 깊은 잠을 잘 때에는 안구가 움직이지 않는다. 우리는 얕은 잠을 '렘수면(REM Sleep)이라고 하고, 깊은 잠을 '논렘수면(NREM Sleep)'이라고 한다. 렘수면 상태의 사람의 눈꺼풀을 보면, 안구가 움직이는 것을 관찰할 수 있다. 이때 말을 걸면 대답하기도 한다. 대뇌가 깨어 있다는 증거이다.

다시 말하면 렘수면은 뇌는 깨어 있으나, 몸이 깊게 잠든 상태고, 논렘수면은 몸과 뇌 모두 휴식을 취하는 상태이다.

잠은 이런 렘수면과 논렘수면을 반복하는데, 성장호르몬은 첫 논렘수면 상태에서 분비된다. 그래서 첫 잠이 가장 중요하다. 첫 잠만 잘 자면 다음 날 최고의 컨디션을 유지할 수 있다.

나폴레옹은 바보

하루에 4시간만 자도 멀쩡했던 나폴레옹은 "남자는 6시간, 여자는 7시간, 바보는 8시간 잔다"라는 말을 남겼다. 참 어처구니없는 말이다.

우리나라 고등학교에서도 '4당 5락'이란 말이 유행한 적이 있었다. '4시간 자고 공부하면 원하는 대학에 붙고, 5시간 자면 떨어진다'는 말이다. 여기에 더해 '3당 4락'이라는 말까지 생겨났었다.

이런 과학적 근거 없는 말을 믿었던 아이들은 정말로 집에서 4시간만 잤다. 하지만 학교에서 종일 엎드려 잠만 자며 부족한 잠을 보충해야 했으며, 결국 고생만 하고 성적은 잘 나오지 않았다. 이와 대조적으로 전국 수석들의 인터뷰를 보면 하나같이 잠은 7~8시간 푹 자고 공부했다고 한다. 그 인터뷰를 보며 "난 하루에 4시간만 자고 공부해도 이 모양인데 저 친구는 7~8시간이나 자고 전국 수석을 하다니"라며 자괴감이 든 학생도 꽤 있었을 것이다.

4시간만 자고도 성적이 나오지 않았던 이유는 4시간밖에 안 잤기 때문이다. 잠을 제대로 자지 않고 공부해봤자 능률은 오르지 않는다. 7~8시간은 자야 뇌도 휴식을 취할 수 있다. 시험 기간이라고 밤을 새거나 2~3시간만 자고 공부하는 것은 어리석은 짓이다.

그리고 수면 부족은 당뇨, 우울증, 암, 뇌 기능 저하와 집중력 저하를 일으킨다. 그리고 주의력이 떨어져 사고로 사망할 가능성이 일반인과 비교해 3배 높으며, 면역력이 약해져 감기에도 잘 걸린다는 연구도 있다. 즉, 숙면을 취하지 않으면 일도 공부도 안 된다.

4시간만 자도 충분한 사람들, 쇼트 슬리퍼

나폴레옹처럼 하루에 4시간만 자도 충분한 '쇼트 슬리퍼(Short sleeper)'가 있다. 하지만 이런 쇼트 슬리퍼는 전 세계 인구의 1% 미만이다. 직장 상사가 쇼트 슬리퍼라면 부하 직원들은 괴로울 것이다. 상사 자신은 4시간만 자도 충분하기에 다른 사람도 적게 자길 원하기 때문이다.

이렇게 자기 위주로 생각하고 행동하는 것을 '자기중심적 편향(Egocentric Bias)'이라고 한다. 잠에 대한 어처구니없는 말은 나폴레옹이 자기중심적 편향에 빠졌다는 것을 의미한다. 나폴레옹은 자신을 아주 '특별한 존재'라고 생각했다.

그리고 그리고 자신의 특별함 때문에 성공했다고 여겨, 주변사람에게도 자신과 같을 것을 강요했다. 자기중심적 편향에 빠져있는 사람은 다양성을 이해하지 못한다.

잠을 이루지 못하는 사람들

아침에 비몽사몽 상태로 일어나고, 점심땐 꾸벅꾸벅 존다. 일을 마치고 집에 오는 길엔 너무 피곤해 정신을 차릴 수가 없다. 잠이 부족한 것 같아 일찍 잠자리에 들지만, 막상 침대에 누우면 잠이 오질 않는다. 회사에서 그렇게 흐리멍덩하게 돌아갔던 머리가 자려고 누우니 갑자기 맑아진다. 낮에 있었던 일이 자꾸만 생각나 잠을 이룰 수 없다. 뇌가 침대에 눕는 행위를 깨어있는 상태인 '각성'으로 인식하면서 일어나는 현상이다. 이런 증상을 '불면증'이라 한다.

불면증 때문에 고통스러워하는 사람은 생각보다 많다. 나 또한 불면증으로 오래 고생했다. 원하는 시간에 잠들지 못하는 것만큼 힘든 게 없다. 일어나야 할 시간은 정해져 있는데 잠이 오지 않아 시계만 쳐다보고 있으면 더 긴장된다. 그리고 '이제 정말 몇 시간 못 잔다'라는 생각에 밤을 꼬박 새우고, 다음 날 머리가 멍한 상태로 지낸다. 밤잠을 제대로 못 잤으니 일의 능률도 오르지 않고 만사가 귀찮다. 앉아서 꾸벅꾸벅 졸기도 하고, 책상에서 엎드려 자기도 한다. 이런 힘든 일과가 끝나고 집에 도착해 자려고 누웠지만 또 잠이 오지 않는다.

잡생각에 잠을 이룰 수가 없어서 TV를 켜놓거나, 음악을 듣고, 책을 읽으며 잠자리에 드는 사람도 있다. 더러는 수면제를 먹거나, 술을 마시거나, 무언가를 먹어 잠을 청하는 사람 나쁜 습관을 지닌 사람도 있다. 이런 행동은 불면증만 악화시킨다.

스스로 시간을 통제하면서 공부해야 하는 학생이나, 취업 준비생, 고시생, 공무원 준비생들은 수면 부족이 생활 전체를 망칠 수가 있다. 온종일 잠잘 생각만 하는데 무슨 일을 할 수 있겠는가?

잠을 못 자면

1) 뚱뚱하다

잠을 제대로 못 잤으니 아침에 늦게 일어나는 건 당연하다. 헐레벌떡 일어나 회사 가기 바쁘니 아침밥 먹을 시간이 없다. 수면 부족은 배고픔을 유발하는 '그렐린(ghrelin)' 호르몬을 분비시킨다. 이 그렐린은 조금만 과하게 분비되어도 탄수화물과 고열량 음식을 부른다. 아침밥도 못 먹은 상태에 그렐린까지 분비되니 폭식을 하게 되고 비만이 된다.

2) 멍하게 있는 시간이 많다

잠이 부족하면 한 번만 읽어도 이해할 수 있는 문장을 몇 번씩 되풀이해 읽어도 이해하지 못한다. 기억력과 인지력, 주의집중력이 떨어지는 것이다. 그래서 행동이 둔감해지고, 건망증이 생기며, 학습에도 문제가 생긴다.

3) 실수가 잦다

수면이 부족하면, 아는 문제도 다 틀리기 일쑤이고, 컵을 떨어뜨리거나, 문 모서리에 발을 찧는 등 실수가 많아진다. 평상시에 눈감고도 하던 일을 실수해 상사에게 꾸중을 듣기도 한다. 반사 신경이 둔해지기 때문이다. 잠을 못 자면 뇌는 쪼그라들고 몸은 제 기능을 하지 못한다.

4) 우울하고 예민하다

걱정이 많고 별것도 아닌 일에 의기소침해진다. 부정적이고 혼란스러워 하며, 매사에 의욕이 없다. 잠을 푹 자면 뇌가 감정 조절 회로를 회복해 다음 날을 대비하지만 수면이 부족하면 감정 조절이 되지 않아 화가 쌓이게 된다.

얼마나 자야 적당할까?

미국 국립수면재단(NSF)에서는 신생아(0~3개월) 14~17시간, 영아(4~11개월) 12~15시간, 유아(1~2세) 11~14시간, 미취학 연령(3~5세) 10~13시간, 취학 연령(6~13세) 9~11시간, 10대(14~17세) 8~10시간, 청년(18~25세) 7~9시간, 성인(26~64세) 7~9시간, 노인(65세 이상) 7~8시간을 권장한다.

그러나 현실적으로 공부를 시작하는 취학 연령부터는 수면이 부족해지기 쉽다. 수면이 부족하면 스트레스 호르몬이 증가해 불안, 짜증, 우울한 증상이 나타나며 사람과의 관계와 학업에 악영향을 끼칠 수 있다.

우드 존슨 의대의 마흐무드 시디큐(mahmud Siddique) 박사의 연구팀에 따르면 수면이 부족한 10대는 신진대사가 균형적이지 않아 빵이

나 라면과 같은 탄수화물에 집착하는 경향을 보였다고 한다. 그리고 과다한 탄수화물 섭취로 인해 비만도 많았다. 한마디로 수면 부족이 비만을 부른 것이다.

그리고 잠은 규칙적으로 정해진 시간에 자고 일어나는 게 좋다. 수면 시간이 불규칙하면 생체 리듬이 깨지고, 이로 인해 두뇌계발의 황금기인 청소년 시기를 놓칠 수 있다. 청소년기는 뇌 성장 과정에서 아주 민감한 시기이므로, 수면에 대한 부모의 관심이 꼭 필요하다.

수면의 양도 중요하지만, 수면의 질 또한 중요하다. 질 좋은 수면을 위해서는 방을 아주 어둡게 하고 커피와 에너지 음료 섭취를 자제하는 것이 좋다. 특히 스마트폰의 '블루라이트'는 숙면을 방해하는 대표적인 물질이다. 블루라이트는 '멜라토닌(melatonin)' 생성을 억제해서 수면을 방해한다.

부모는 청소년기 자녀의 수면에 신경을 쓰자. 잠자기 1시간 전에는 스마트폰을 제한하고, 매일 같은 시간에 일어나고 같은 시간에 잠들게 해야 한다. 잘 때는 최대한 어둡게 해서 잠을 깊이 잘 수 있는 환경을 만들어 주는 게 좋다.

과잉 수면도 해롭기는 마찬가지

잠을 못 자도 문제지만, 너무 많이 자도 문제다. 과잉 수면도 수면 장애의 일종이다. 왜 너무 많이 자는 것도 문제가 될까?

성인의 가장 적절한 수면 시간은 7시간 30분 정도이다. 렘수면과 논렘수면은 한 세트가 90분인데, 하루 기억을 정리하고 필요한 정보 저장하는 데 5세트가 필요하다. 계산해 보면 90분×5세트 = 7시간 30분이다. 하지만 청소년을 비롯해 성인이 평일에 수면 시간을 7시간 30분이나 확보하기는 쉽지가 않다. 그렇다 보니 주말에 몰아서 자기도 한다. 잠이 너무 부족할 땐 이렇게 몰아서 자는 것도 방법이지만, 장기적으로 보면 이 또한 해롭다. 아이러니하게도 과잉 수면이 또 다른 피로를 만들기 때문이다.

잠을 너무 오래 자면 체온이 떨어진다. 체온이 떨어지면 극도의 피로와 무기력증이 나타나며, 다시 체온을 회복하기까지는 시간이 오래 걸리기 때문에 온종일 피곤하고, 무언가를 계속 먹게 된다. 곧 잠은 많이 잘 수록 피곤해지는 것이다.

걱정과 불안을 이기기 위해 잠을 많이 자는 사람이 있다. 이들은 잘 때만은 걱정과 고민을 잊는다고 생각해 계속 잠만 잔다. 하지만 깨고 나면 더 우울하다. 잠을 오래 자면 신체 활동량이 줄고, 몸의 움직임이 부족하니 기분을 좋게 하는 엔도르핀 수치가 낮아지기 때문이다. 결국 우울하고 의욕이 없으며, 소외감을 잘 느끼게 된다.

그리고 과잉 수면은 두통과 당뇨병, 심장병의 원인이 된다. 9시간 이상 자는 사람 중 많은 사람이 두통을 호소한다. 이는 잠을 너무 오래 자면서 뇌 속의 신경전달물질의 불균형을 일으키기 때문으로 보인다. 많은 연구에서 과잉 수면이 당뇨와 심장질환 위험률을 높인다고 추정한다.

몸과 지구의 시계를 맞추자

인간은 지구에서 진화한 동물이다. 지구의 시간에 맞춰서 생활하면 천수를 누릴 수 있지만 역행해서 생활하면 온갖 질병에 시달리다가 고통 속에서 생을 마감하게 된다. 해가 뜨면 일어나고, 해가 지면 잠자리에 드는 것이 지구의 시간에 맞추는 것이다.

인간의 모든 세포에는 시계 유전자가 있다. 낮에 잠깐이라도 햇빛을 보면서 걸으면 우리 몸속의 시계가 지구의 시계로 맞춰지는 효과가 있다. 이것을 '주기 리듬(circadian rhythm)'이라 한다. 몸의 시계와 지구의 시계가 맞아떨어지면 몸은 자연스럽게 하루의 시간대로 흘러간다. 에너지가 필요한 순간에 에너지를 최대한 공급받고, 에너지가 필요 없기 직전에 모든 에너지가 다 소진되어 잠을 잘 자게 된다. 몸이 깨어 있을 때는 활력이 넘치고, 잠을 잘 때에는 숙면을 취할 수 있다.

밤에 잠을 못 자는 이유는, 몸이 에너지를 쓸 때와 아닐 때를 구분하지 못해 남은 에너지가 몸을 괴롭히기 때문이다. 몸속의 에너지가 남아도니 잠이 오지 않는 것이다.

그렇다면 몸의 시계와 지구의 시계를 맞추는 방법은 무엇일까? 바로 눈을 뜨자마자 일어나 '햇빛을 보는 것'이다. 아침 해를 보면 '멜라토닌'이라는 수면 호르몬이 분비된다. 정확하게는 아침 해를 본 지 14

시간 후에 분비되며, 혈압과 맥박, 체온을 떨어뜨려 자연스럽게 잠자리에 들게 한다. 예를 들어, 아침 7시에 아침 해를 보았다면 멜라토닌은 밤 9시에 분비된다. 아침에 일어나서 햇빛을 보는 생활습관은 당신의 뇌가 당신의 몸에게 "햇볕을 보니 이제 아침이군. 지금부터 14시간 동안 몸에 가지고 있는 에너지를 다 써버려"라고 명령을 내리는 것과 같다. 늦잠을 자는 습관이 있었다면 5분이라도 일찍 일어나려고 노력하자. 그리고 일어나자마자 바로 나가서 햇빛을 보면 신체 시계가 조금씩 앞당겨진다.

주의할 점은 일어나서 커튼만 열어젖히고 가만히 누워 있거나, 앉아서 쓸데없이 스마트폰이나 하고 있으면 안 된다. 침대에서 눈을 뜨자마자 벌떡 일어나서 햇빛을 보는 게 중요하다. 나쁜 습관을 버리고 좋은 습관을 익히려면 시간이 걸린다. 좋은 습관이 몸에 익을 때까지 반복해 일 년에 하나씩이라도 고쳐나가도록 하자.

낮잠은 밤잠을 방해한다

낮잠을 자면 업무 효율이 높다는 연구가 있다. 많은 보육시설과 교육기관이 낮잠시간을 운영하고 있으며, 학습 능력을 높이기 위해 낮잠 시간을 주는 학교도 있다.

미국 매사추세츠 대학의 레베카 스펜서(Rebecca Spencer) 교수는 '낮잠을 자면 머릿속의 해마에 단기기억으로 저장됐던 것이 외피질로 이동해 장기기억으로 저장된다'라고 하며, 낮잠이 시간 낭비가 아니라고 한 바 있다. 이외에도 낮잠이 뇌와 건강에 좋다는 연구는 많다.

그런데 낮잠을 자면 정말 좋을까? 사실 나는 낮잠을 추천하지 않는다. 레베카 교수가 주장한 대로 잠을 자면 해마에 단기기억으로 저장됐던 정보가 장기기억으로 되는 건 맞다. 하지만 그건 낮잠의 효과가 아니고 잠의 효과이다.

나 역시 취침 30분에서 5분 전까지 본 것의 50%를 장기기억한다는 젠킨스와 달엔바흐의 이론을 바탕을 둔 수면 시간을 이용한 복습 프로그램을 학생들에게 적용해 큰 효과를 봤다. 하지만 낮잠으로 이런 학습 효과를 보려면 낮잠 자는 시간이 10~20분 정도여야 한다. 그러나 낮잠을 10~20분만 자고 일어나기는 쉽지가 않다. 막상 잠이 들면 1시간 이상 자기 일쑤다. 1시간 이상 자면 오히려 머리가 멍해지고 불쾌감이 남아 더욱 피곤해진다. 게다가 밤잠에도 방해가 된다.

낮잠을 렘수면 단계로 잠깐 자고 일어나면 개운하겠지만, 1시간 이상 자서 논렘수면 단계에 돌입하게 되면 뇌까지 잠든 상태가 되어 멍하고 몸이 뻐근할 수 있다. 결과적으로 한두 번의 낮잠은 잠깐의 상쾌함을 줄 수 있지만, 반복하면 나쁜 습관으로 굳어진다.

따라서 너무 졸리면 의자에 앉아서 10분 정도 잠깐 졸거나 신선한 공기를 마시며 걷자. 커피, 녹차와 같은 차를 마셔도 좋고, 가벼운 스트레칭으로 몸에 자극을 주는 것도 좋다.

수면의 골든타임

'잠이 보약'이라는 말이 있다. 조금 수정해 '첫 잠은 보약이다'라고 바꾸고 싶다. 잠들고 90분이 전체 수면의 질을 좌우한다. 잠이 들고 처음 90분 동안을 '수면의 골든타임'이라고 까지 한다. TV를 보며 잠이 들면 이 수면의 황금 시간을 망쳐버려서 많이 자도 피곤하고 힘이 없다. 첫 잠을 잘 자기 위해서는 아침에 산책을 해 생체 리듬을 맞추자. 인스턴트 음식을 멀리하고 제철 음식을 먹고, 침실은 빛의 노출을 최대한 줄여 방을 어둡게 만들고, 온도는 18도 정도로 낮추는 게 좋다. 웬만하면 오후 10시에 잠자리에 들고 오전 6시 전후에 일어나자. 잘 자야 컨디션을 유지하고 뇌에 활력을 줄 수 있다.

숙면을 위한 조언

- 잠자기 1시간 전에는 컴퓨터 스마트폰에서 나오는 블루라이트를 차단한다.
- 침실을 최대한 어둡게 한다.
- 침실 온도는 18도로 낮춘다. 사람에 따라 16~20도 정도는 상관없다.
- 하루 1시간 이상 꾸준히 걷는다.
- 질 좋은 음식을 꼭꼭 씹어 먹고, 자기 3시간 전부터는 음식을 먹지 않는다.
- 잠을 자기 위해 술을 마시거나 음식을 먹지 않는다.
- 매일 같은 시간에 자고, 같은 시간에 일어난다.

- 하루에 20분간 명상을 한다.
- 긍정적으로 생각한다.
- 아침에 일어나 30분간 피부에 햇볕을 쬔다.
- 몸을 따뜻하게 하고 잔다.
- 낮잠을 자지 않는다.

| 참고문헌 |

본문 중 책에 이해를 돕기 위해 '호문쿨루스'와 '에빙하우스' 이미지 일부 내용을 참고했다.

* 《건강심리학》 Shelley E. Taylor 저, 서수연, 박준호 외 역, 시그마프레스(2016)
* 《게임 뇌의 공포》 모리 아키오 저, 이윤정 역, 사람과 책(2003)
* 《경선식 영단어 초스피드 암기비법》 경선식 저, ㈜도서출판 경선식에듀(2016)
* 《교육경제학》 백일우 저, 학지사(2007)
* 《교육신경학 연구로의 초대》 Paul Howard-Jones 저, 권용주, 김경철 외 공역, 시그마프레스(2013)
* 《그림으로 읽는 뇌 과학의 모든 것》 박문호 저, 휴머니스트(2013)
* 《뇌: 학습과 기억의 구조》 박찬웅 저, 서울대학교출판부(2005)
* 《뉴턴 하이라이트 119:뇌와 뉴런(신경세포)》 뉴턴프레스 저, 아이뉴턴(2018)
* 《몰입 그 두 번째 이야기》 황농문 저, 알에이치코리아(2011)
* 《몰입》 황농문 저, 알에이치코리아(2007)
* 《무엇이 지능을 깨우는가》 리처드 니스벳 저, 설선혜 역, 최인철 감수, 김영사(2015)
* 《발달심리학》 신명희, 서은희, 송수지 외 저, 학지사(2015)
* 《생의 가:배움》 한준상 저, 학지사(2013)
* 《생의 과》 한준상 저, 학지사(2009)
* 《서양철학사(하)》 요한네스 힐쉬베르거 저, 강성위 역, 이문출판사(2012)
* 《스탠퍼드식 최고의 수면법》 니시노 세이지 저, 조혜선 역, 북라이프(2017)
* 《아동·청소년 이상심리학》 Rita Wicks-Nelson, Allen C. Israel 공저, 정명숙 역, 시그마프레스(2015)
* 《운동화 신은 뇌》 존 레이티, 에릭 헤이거만 공저, 이상헌 역, 김영보 감수, 북섬(2016)
* 《인지심리학》 Robert J. Sternberg,Karin Sternberg 공저, 신현정 역, 박학사(2016)
* 《인지심리학》 Ronald T. Kellogg 저, 박권생 역, 시그마프레스(2016)
* 《좌뇌와 우뇌 사이》 마지드 포투시 저, 서정아 역, 유승호 감수, 토네이도(2014)
* 《지능과 창의성의 프레임》 이신동 저, 양서원(2015)
* 《천년의 지혜 탈무드》 마빈 토케이어 저, 강영희 역, 한빛미디어(2016)
* 《청소년 문제행동》 한상철 외 저, 학지사(2003)
* 《최신교육심리학》 이신동 저, 학지사(2011)
* 《학습동기를 높여주는 공부원리》 캐롤 드웩 저, 차명호 역, 학지사(2008)
* 《학이란 무엇인가》 황금중 저, 글항아리(2014)
* 《해결중심 단기치료》 Thorana S Nelson, N. Thomas 공저, 김희정 역, 학지사(2017)
* 《행복의 가설》 조나선 헤이트 저, 권오열 역, 문용린 감수, 물푸레(2010)
* 《혼자하는 공부가 통한다》 이규민, 반재천, 도승이, 김현진 공저, 웅진윙스(2011)
* 《Dr. Bob's Guide to Stop ADHD in 18Days》, Demaria, Robert 저, Atlasbooks Dist Serv(2005)
* 《Ghosts from the Nursery: Tracing the Roots of Violence》 Karr-Morse, Robin, Wiley, Meredith S 저, AtlanticMonthlyPress(1992)
* 《The Common Sense Book of Baby and Child Care》 Spock Benjamin , Fox Dorothea, Sloan Sam 저, IshiPress(2013)